서울대 한국어+ Workbook

서울대학교 언어교육원 지음
장소원 | 이소영 | 김풀잎 | 이영환

6B

서울대학교출판문화원

머리말

《서울대 한국어+ Workbook 6B》는 《서울대 한국어+ Student's Book 6B》의 부교재로, 주교재로 이루어지는 학습을 보완하기 위해 개발되었습니다. 어휘, 문법과 표현을 다양한 상황 속에서 연습해 보고 복습 단원을 통해 배운 내용을 종합적으로 정리해 볼 수 있도록 하였습니다.

어휘는 실생활에서 활용할 수 있도록 담화 상황을 고려해 문제를 구성하였고, 문법과 표현 연습 문제는 정확성과 유창성 향상에 초점을 맞췄습니다. 다양한 맥락에서 어휘, 문법과 표현의 정확한 의미를 익히고 학습자 스스로 유의미한 담화를 구성할 수 있도록 집필하였습니다.

또한 두 단원마다 복습 단원을 배치함으로써 학습 내용을 점검하고 정리할 수 있도록 하였습니다. 복습 단원은 어휘, 문법과 표현, 듣기, 읽기, 쓰기, 말하기 과제로 이루어져 있습니다. 어휘, 문법과 표현은 이미 학습한 어휘, 문법과 표현을 잘 익혔는지 확인할 수 있는 다양한 문제로 구성하였습니다. 듣기와 읽기는 주교재의 주제와 기능을 확장한 문제를 통해 학습자 스스로 이해 능력을 점검할 수 있도록 하였습니다. 쓰기는 주어진 주제로 완성된 글을 쓰는 활동으로 구성하였습니다. 마지막으로 말하기 과제를 통해 두 단원에서 학습한 주제, 언어, 기능 등을 바탕으로 학생들이 자유롭게 의사소통하면서 하나의 목표를 이루어 갈 수 있도록 하였습니다.

이 책이 나오기까지 정말 많은 분들의 수고가 있었습니다. 서울대학교 국어국문학과 장소원 교수님은 《서울대 한국어+》 1~6급 교재의 기획, 교재 개발을 위한 사전 연구와 집필, 출판에 이르는 전체적인 과정을 총괄해 주셨고, 6급 교재의 집필을 총괄한 이소영 교수님을 비롯해서 김풀잎, 이영환 선생님은 오랜 기간 원고 집필뿐 아니라 편집, 출판 작업을 꼼꼼하게 진행해 주셨습니다. 또한 6급 교재 전권의 감수를 맡아 주신 안경화 교수님, 최은규 교수님, 한재영 교수님, 워크북 내용을 검토해 주신 김민애 교수님, 성석제 선생님의 도움이 없었다면 지금과 같은 책의 완성도를 기대하기 어려웠음을 잘 알고 있습니다. 깊이 감사드립니다. 그리고 영어 번역을 맡아 주신 이소명 번역가님, 멋진 삽화 작업으로 빛나는 책을 만들어 주신 ㈜예성크리에이티브 분들께도 감사드립니다. 또 녹음을 담당해 주신 성우 이상운, 조경아 선생님과 2022년 가을 학기에 새 교재의 시범 단원으로 수업을 하신 후 소중한 의견을 주신 6급 정규반의 안효경, 정영미 선생님께도 진심으로 감사의 말씀을 드립니다. 마지막으로 학술 도서와 전혀 성격이 다른 한국어 교재의 출판을 결정하고 물심양면으로 지원해 주신 서울대학교출판문화원 이경묵 원장님과, 밤낮을 가리지 않고 고생을 감수하신 편집진분들께 깊이 감사드립니다.

2023년 12월
서울대학교 언어교육원 원장
장윤희

일러두기

《서울대 한국어⁺ Workbook 6B》는 《서울대 한국어⁺ Student's Book 6B》의 부교재로 9~16단원과 복습 5~8로 구성되었다. 각 단원은 두 개의 과로 구성되며 각 과는 '어휘' 연습, '문법과 표현' 연습으로 이루어져 있다. 복습은 '어휘, 문법과 표현, 듣기, 읽기, 쓰기, 말하기 과제'로 구성되어 있다.

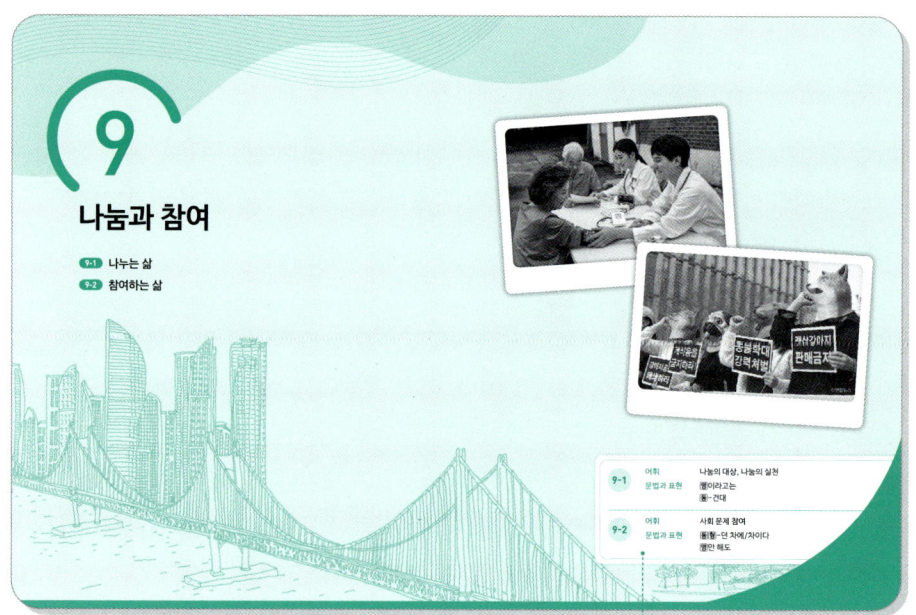

각 단원에서 학습 목표로 삼는 '어휘'와 '문법과 표현'을 제시하여 학습할 내용을 파악할 수 있도록 하였다.

어휘

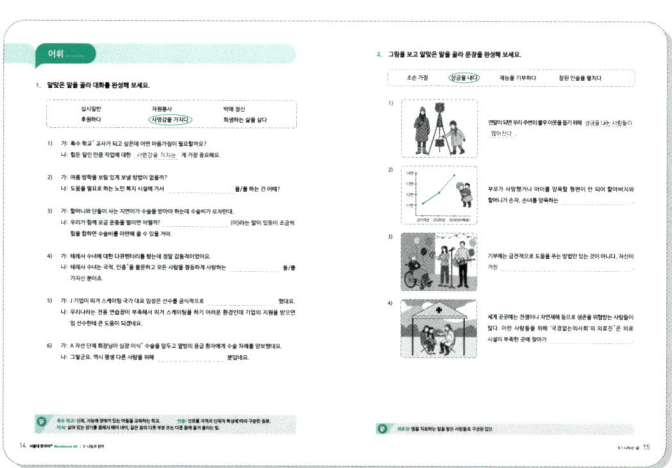

주제별로 선정된 목표 어휘를 사용할 수 있는 상황을 확인하고, 대화나 문장, 담화 안에서 어휘의 의미를 이해하고 연습할 수 있도록 하였다.

문법과 표현

문법과 표현의 의미와 사용 상황을 익힐 수 있도록 문장, 대화, 텍스트 단위에서 내용을 파악하고 완성하는 연습으로 구성하였다. 마지막 문제에서는 문법과 표현을 활용하여 학습자들이 스스로 짧은 담화를 생성할 수 있도록 하였다.

문장·대화 연습
제시어나 그림을 활용하여 문장이나 대화를 완성한다.

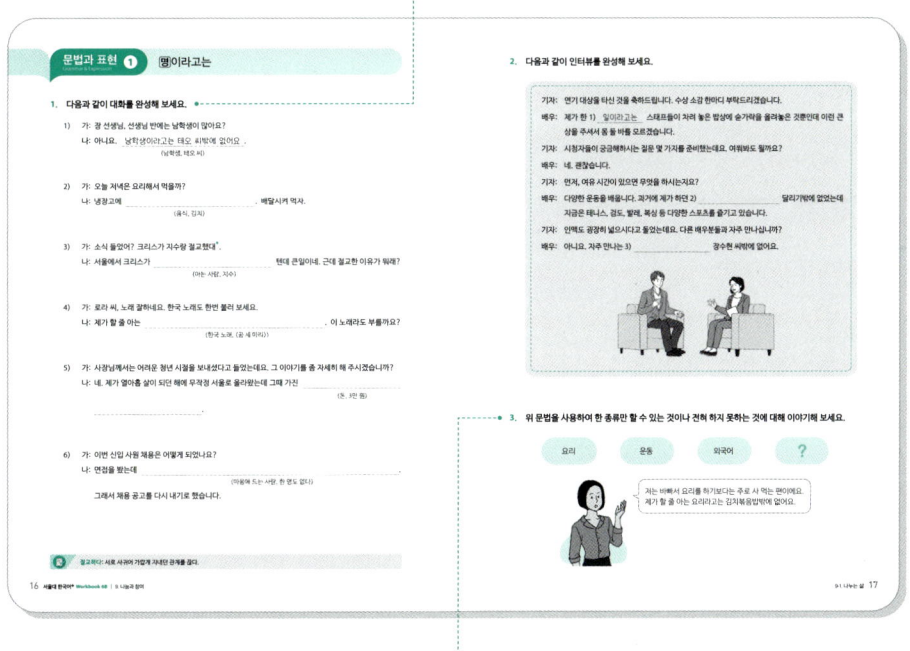

유의미한 연습
제시된 상황 또는 질문에 맞게 학습자 자신의 생각과 경험에 대해 이야기해 본다.

복습

두 단원마다 제시되는 복습에서는 각 단원에서 학습한 내용과 연계하여 어휘, 문법과 표현, 듣기, 읽기, 쓰기를 영역별로 복습하고 말하기 과제를 통해 학습자들이 배운 내용을 모두 활용하여 활발하게 의미 협상을 할 수 있도록 구성하였다.

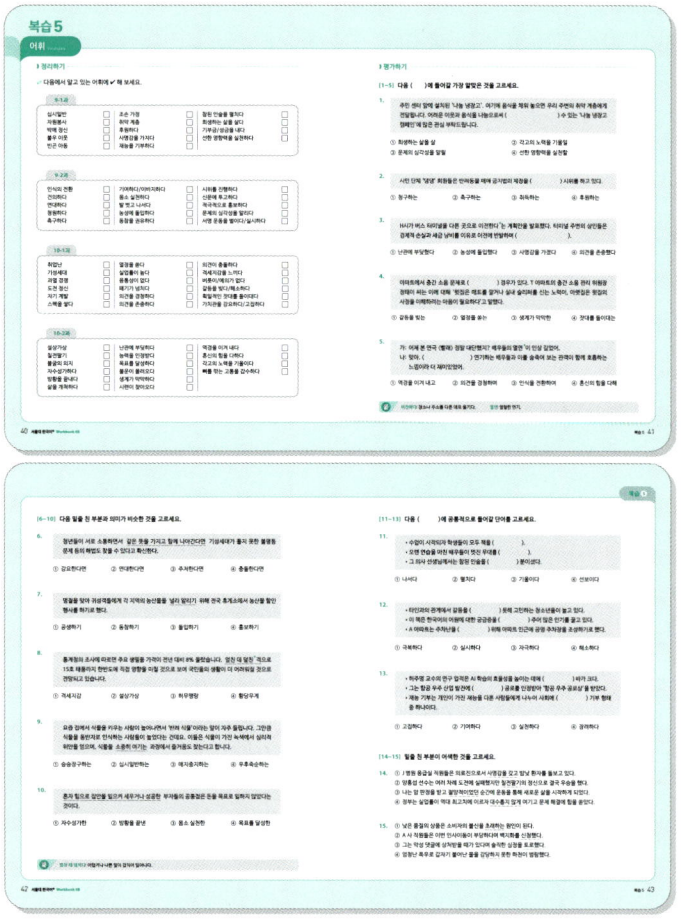

어휘
목표 어휘 목록과 함께 문제를 제공하여 학습한 어휘를 재확인하고 연습할 수 있도록 하였다.

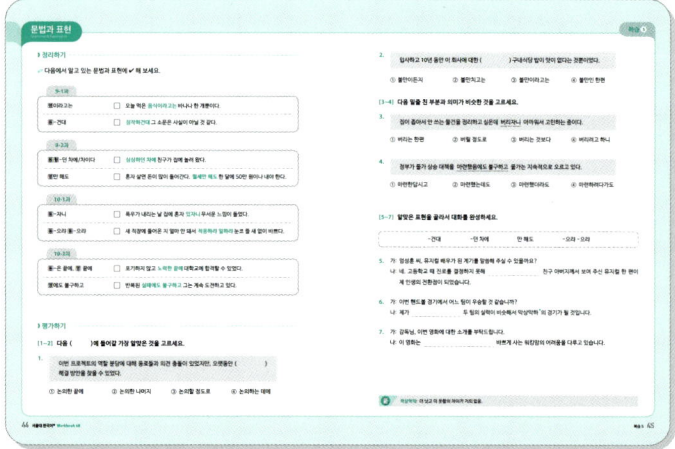

문법과 표현
문법과 표현의 각 항목을 예문과 함께 제시하여 학습 내용을 확인할 수 있도록 하였다. 또한 다양한 형태의 문제를 제공하여 각 항목의 의미와 용법을 재확인하고 연습할 수 있도록 하였다.

듣기

학습한 주제, 어휘, 문법과 표현과 관련된 다양한 내용의 듣기 자료를 문제와 함께 제공하여 학습자의 이해 능력과 듣기 유창성을 향상시키고자 하였다.

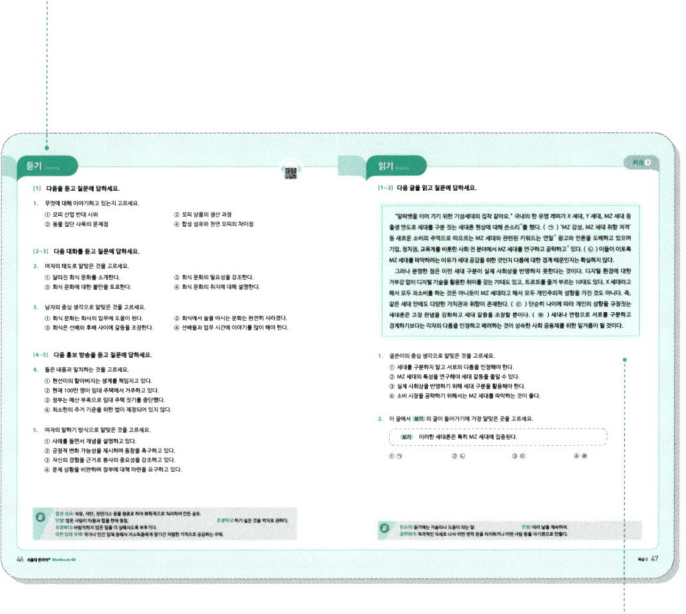

읽기

학습한 주제, 어휘, 문법과 표현과 관련된 다양한 내용의 읽기 자료를 문제와 함께 제공하여 학습자의 이해 능력과 읽기 유창성을 향상시키고자 하였다.

쓰기

정확성과 유창성을 기를 수 있도록 600자 이상 글쓰기 연습으로 구성하였다.

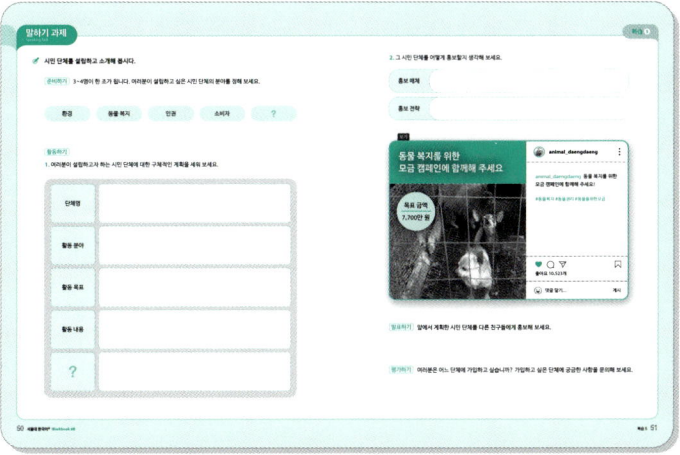

말하기 과제

학습한 주제, 언어, 기능 등을 바탕으로 학습자들이 자유롭게 의사소통하면서 하나의 목표를 이루어 가는 활동으로 구성하였다.

부록

'듣기 지문'과 '모범 답안'으로 구성된다.

모범 답안
각 과의 '어휘, 문법과 표현' 문제, 복습의 '어휘, 문법과 표현, 듣기, 읽기' 문제에 대한 모범 답안을 제공한다.

듣기 지문
복습 듣기의 지문을 제공한다.

차례

머리말		• 3
일러두기		• 4
교재 구성표		• 10

6B

9단원	나눔과 참여	9-1. 나누는 삶	• 14
		9-2. 참여하는 삶	• 20
10단원	변화와 도전	10-1. 변화와 갈등	• 28
		10-2. 꿈과 도전	• 34

복습 5 • 40

11단원	문학과 인생	11-1. 마음을 나누는 시	• 54
		11-2. 소설 속의 인생	• 60
12단원	인간과 사회	12-1. 더불어 사는 사회	• 68
		12-2. 개인과 사회	• 74

복습 6 • 80

13단원	한국의 사회 문제	13-1. 삶의 만족도	• 94
		13-2. 불평등의 심화	• 100
14단원	건강과 과학	14-1. 공중 보건	• 108
		14-2. 유전자 이야기	• 114

복습 7 • 120

15단원	법과 제도	15-1. 생활 속의 법	• 134
		15-2. 공공의 이익	• 140
16단원	인류와 미래	16-1. 인류의 과제	• 148
		16-2. 4차 산업 혁명과 미래	• 154

복습 8 • 160

| 부록 |
| 듣기 지문 • 172
| 모범 답안 • 175

교재 구성표

단원 제목		어휘	문법과 표현
9. 나눔과 참여	9-1. 나누는 삶	• 나눔의 대상 • 나눔의 실천	• 명이라고는 • 동-건대
	9-2. 참여하는 삶	• 사회 문제 참여	• 동형-던 차에/차이다 • 명만 해도
10. 변화와 도전	10-1. 변화와 갈등	• 세대 갈등 • 청년 세대	• 동-자니 • 동-으랴 동-으랴
	10-2. 꿈과 도전	• 성공과 실패	• 동-은 끝에, 명 끝에 • 명에도 불구하고
복습 5			
11. 문학과 인생	11-1. 마음을 나누는 시	• 시의 특징 • 시의 창작과 감상	• 동형-을 성싶다 • 동-노라면
	11-2. 소설 속의 인생	• 감정과 행동 • 사춘기의 특징	• 동-는 둥 마는 둥 하다 • 명이고 명이고 (간에)
12. 인간과 사회	12-1. 더불어 사는 사회	• 차별의 종류 • 성차별	• 동형-을 법하다 • 동형-건만, 명이건만
	12-2. 개인과 사회	• 사회화 • 나 홀로 문화	• 명으로 말미암아 • 동형-지, 명이지
복습 6			

단원 제목		어휘	문법과 표현
13. 한국의 사회 문제	13-1. 삶의 만족도	• 삶의 질	• 동형-을 턱이 없다, 명일 턱이 없다 • 동형-건 (간에)
	13-2. 불평등의 심화	• 불평등 문제 • 불평등을 줄이기 위한 노력	• 동-기란 • 동-게끔
14. 건강과 과학	14-1. 공중 보건	• 감염병 • 공중 보건	• 동-는 양, 형-은 양, 명인 양 • 동형-을 판에/판이다
	14-2. 유전자 이야기	• 유전자 검사 • 생명 과학	• 명에 지나지 않다 • 동-는다고 치다, 형-다고 치다, 명이라고 치다
복습 7			
15. 법과 제도	15-1. 생활 속의 법	• 국적법 • 기본 소득 제도	• 동-는다손 치더라도, 형-다손 치더라도, 명이라손 치더라도 • 동형-기로서니
	15-2. 공공의 이익	• 인권 • 범죄	• 동-는 격이다, 형-은 격이다 • 동-느니만 못하다
16. 인류와 미래	16-1. 인류의 과제	• 인류가 직면한 문제 • 해결 방안	• 동-어 주십사 (하다) • 동형-어 봤자
	16-2. 4차 산업 혁명과 미래	• 첨단 기술	• 동형-던가, 명이던가 • 동-고서는
복습 8			

9 나눔과 참여

9-1 나누는 삶

9-2 참여하는 삶

	어휘	나눔의 대상, 나눔의 실천
9-1	문법과 표현	명이라고는 동-건대
9-2	어휘	사회 문제 참여
	문법과 표현	동형-던 차에/차이다 명만 해도

어휘 Vocabulary

1. 알맞은 말을 골라 대화를 완성해 보세요.

> 십시일반   자원봉사   박애 정신
> 후원하다   (사명감을 가지다)   희생하는 삶을 살다

1) 가: 특수 학교* 교사가 되고 싶은데 어떤 마음가짐이 필요할까요?
   나: 힘든 일인 만큼 직업에 대한 <u>사명감을 가지는</u> 게 가장 중요해요.

2) 가: 여름 방학을 보람 있게 보낼 방법이 없을까?
   나: 도움을 필요로 하는 노인 복지 시설에 가서 _____ 을/를 하는 건 어때?

3) 가: 할머니와 단둘이 사는 지연이가 수술을 받아야 하는데 수술비가 모자란대.
   나: 우리가 함께 모금 운동을 벌이면 어떨까? _____ (이)라는 말이 있듯이 조금씩 힘을 합하면 수술비를 마련해 줄 수 있을 거야.

4) 가: 테레사 수녀에 대한 다큐멘터리를 봤는데 정말 감동적이었어요.
   나: 테레사 수녀는 국적, 인종*을 불문하고 모든 사람을 평등하게 사랑하는 _____ 을/를 가지신 분이죠.

5) 가: J 기업이 피겨 스케이팅 국가 대표 임성은 선수를 공식적으로 _____ 했대요.
   나: 우리나라는 전용 연습장이 부족해서 피겨 스케이팅을 하기 어려운 환경인데 기업의 지원을 받으면 임 선수한테 큰 도움이 되겠네요.

6) 가: A 자선 단체 회장님이 심장 이식* 수술을 앞두고 옆방의 응급 환자에게 수술 차례를 양보했대요.
   나: 그렇군요. 역시 평생 다른 사람을 위해 _____ 분답네요.

특수 학교: 신체, 지능에 장애가 있는 아동을 교육하는 학교.   **인종**: 인류를 지역과 신체적 특성에 따라 구분한 종류.
이식: 살아 있는 장기를 몸에서 떼어 내어, 같은 몸의 다른 부분 또는 다른 몸에 옮겨 붙이는 일.

2. 그림을 보고 알맞은 말을 골라 문장을 완성해 보세요.

| 조손 가정 | (성금을 내다) | 재능을 기부하다 | 참된 인술을 펼치다 |

1)

연말이 되면 우리 주변의 불우 이웃을 돕기 위해 <u>성금을 내는 사람들이 많아진다</u>.

2)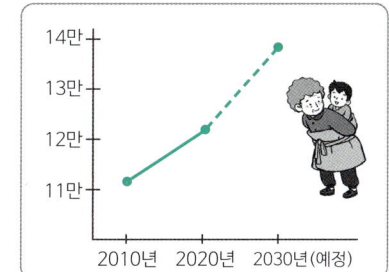

부모가 사망했거나 아이를 양육할 형편이 안 되어 할아버지와 할머니가 손자, 손녀를 양육하는 _____.

3)

기부에는 금전적으로 도움을 주는 방법만 있는 것이 아니다. 자신이 가진 _____.

4)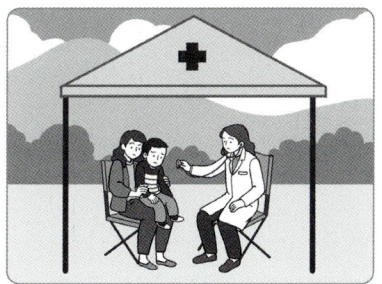

세계 곳곳에는 전쟁이나 자연재해 등으로 생존을 위협받는 사람들이 많다. 이런 사람들을 위해 '국경없는의사회'의 의료진*은 의료 시설이 부족한 곳에 찾아가 _____.

의료진: 병을 치료하는 일을 맡은 사람들로 구성된 집단.

문법과 표현 1 명이라고는

1. 다음과 같이 대화를 완성해 보세요.

1) 가: 장 선생님, 선생님 반에는 남학생이 많아요?
   나: 아니요. <u>남학생이라고는 테오 씨밖에 없어요</u>.
   (남학생, 테오 씨)

2) 가: 오늘 저녁은 요리해서 먹을까?
   나: 냉장고에 _____. 배달시켜 먹자.
   (음식, 김치)

3) 가: 소식 들어? 크리스가 지수랑 절교했대*.
   나: 서울에서 크리스가 _____ 텐데 큰일이네. 근데 절교한 이유가 뭐래?
   (아는 사람, 지수)

4) 가: 로라 씨, 노래 잘하네요. 한국 노래도 한번 불러 보세요.
   나: 제가 할 줄 아는 _____. 이 노래라도 부를까요?
   (한국 노래, 〈곰 세 마리〉)

5) 가: 사장님께서는 어려운 청년 시절을 보내셨다고 들었는데요. 그 이야기를 좀 자세히 해 주시겠습니까?
   나: 네. 제가 열아홉 살이 되던 해에 무작정 서울로 올라왔는데 그때 가진 _____
   (돈, 3만 원)
   _____.

6) 가: 이번 신입 사원 채용은 어떻게 되었나요?
   나: 면접을 봤는데 _____.
   (마음에 드는 사람, 한 명도 없다)
   그래서 채용 공고를 다시 내기로 했습니다.

 절교하다: 서로 사귀어 가깝게 지내던 관계를 끊다.

2. 다음과 같이 인터뷰를 완성해 보세요.

기자: 연기 대상을 타신 것을 축하드립니다. 수상 소감 한마디 부탁드리겠습니다.

배우: 제가 한 1) __일이라고는__ 스태프들이 차려 놓은 밥상에 숟가락을 올려놓은 것뿐인데 이런 큰 상을 주셔서 몸 둘 바를 모르겠습니다.

기자: 시청자들이 궁금해하시는 질문 몇 가지를 준비했는데요. 여쭤봐도 될까요?

배우: 네. 괜찮습니다.

기자: 먼저, 여유 시간이 있으면 무엇을 하시는지요?

배우: 다양한 운동을 배웁니다. 과거에 제가 하던 2) _____ 달리기밖에 없었는데 지금은 테니스, 검도, 발레, 복싱 등 다양한 스포츠를 즐기고 있습니다.

기자: 인맥도 굉장히 넓으시다고 들었는데요. 다른 배우분들과 자주 만나십니까?

배우: 아니요. 자주 만나는 3) _____ 장수현 씨밖에 없어요.

3. 위 문법을 사용하여 한 종류만 할 수 있는 것이나 전혀 하지 못하는 것에 대해 이야기해 보세요.

요리   운동   외국어   ?

저는 바빠서 요리를 하기보다는 주로 사 먹는 편이에요. 제가 할 줄 아는 요리라고는 김치볶음밥밖에 없어요.

문법과 표현 ❷ 동-건대

1. 알맞은 말을 골라 대화를 완성해 보세요.

> 고백하다   단언하다*   맹세하다*   바라다   (보다)   예상하다

1) 가: 한국에서 유학할 때 많이 힘들었나요?
   나: 많이 힘들었지요. 그렇지만 지금 돌이켜 <u>보건대</u> 그 시간이 제가 한 단계 더 성장하는 밑거름*이 된 것 같아요.

2) 가: 이번에 새로 나온 제품에 대해 한 말씀 해 주세요.
   나: _____ 이 가격에 이보다 더 나은 기능을 가진 제품은 전국 어디에도 없을 것입니다!

3) 가: 교수님, 올해는 불경기 탓에 모두가 힘들었습니다. 내년에는 상황이 좋아질까요?
   나: 제가 _____ 내년 경제 상황도 올해와 비슷하거나 오히려 악화될 것으로 보입니다.

4) 가: 서울에 오기 전 서울에 대해 어떤 인상을 갖고 있었습니까?
   나: 솔직히 _____ 서울 사람들은 차갑다는 편견을 갖고 있었습니다. 그런데 막상 서울에 와 보니 여기 사람들도 따뜻하고 정이 많다는 것을 깨닫게 되었습니다.

5) 가: C 사로부터 뇌물*을 받았다는 혐의*를 받고 계신데요. 사실입니까?
   나: _____ 저는 뇌물을 받은 사실이 없습니다.

6) 가: 인터뷰가 끝나기 전에 하고 싶은 말씀이 있으신가요?
   나: _____ 저의 작은 노력이 누군가에게 희망이 되면 좋겠습니다.

단언하다: 확실하다고 믿고 자신 있게 말하다.   **맹세하다**: 굳게 다짐하거나 약속하다.
밑거름: 어떤 일을 이루는 데 기초가 되는 요인.
뇌물: 개인의 이익을 위해 공정한 책임이 있는 사람에게 건네는 부정한 돈이나 물건.
혐의: 범죄를 저질렀을 가능성이 있다고 봄. 또는 그 가능성.

2. 다음과 같이 청원서를 완성해 보세요.

청 원 서

- 제   목: 기부금에 대한 세금 감면 확대를 청원합니다.
- 청원 내용: 안녕하십니까. 저는 불우 이웃 지원 단체 '서울나눔'의 대표 김정문입니다. 기부 문화에 대해서 말씀드리고 싶은 것이 있어 청원서를 보냅니다. 제가 1) __듣건대__ 작년에 공공 분야에 기부한 국민은 20%에 불과한 한편, 기부를 희망하는 국민은 70%에 달한다는 조사 결과가 있다고 합니다. 2) _____ 이런 차이는 기부를 했을 때 받는 혜택이 부족하기 때문에 나타나는 것 같습니다. 기부 문화를 활성화하기 위해서는 기부한 만큼 세금을 감면해 주는 혜택이 필요합니다. 물론 지금도 어느 정도의 감면 혜택이 있습니다만, 적어도 기부 액수의 50%는 감면해 줘야 일반 서민들도 부담 없이 기부할 수 있을 것입니다. 3) _____ 기부금에 대한 세금 감면 비율을 더 올려 주시면 좋겠습니다.

청원인   성   명: _____김정문_____ (인)   외 10 인

3. 위 문법을 사용하여 앞으로 어떤 사회가 되면 좋을지 여러분의 바람을 이야기해 보세요.

> 바라건대 서로 이해하고 배려하는 사회가 되었으면 좋겠습니다.

어휘 Vocabulary

1. 관계있는 것끼리 연결하고 문장을 완성해 보세요.

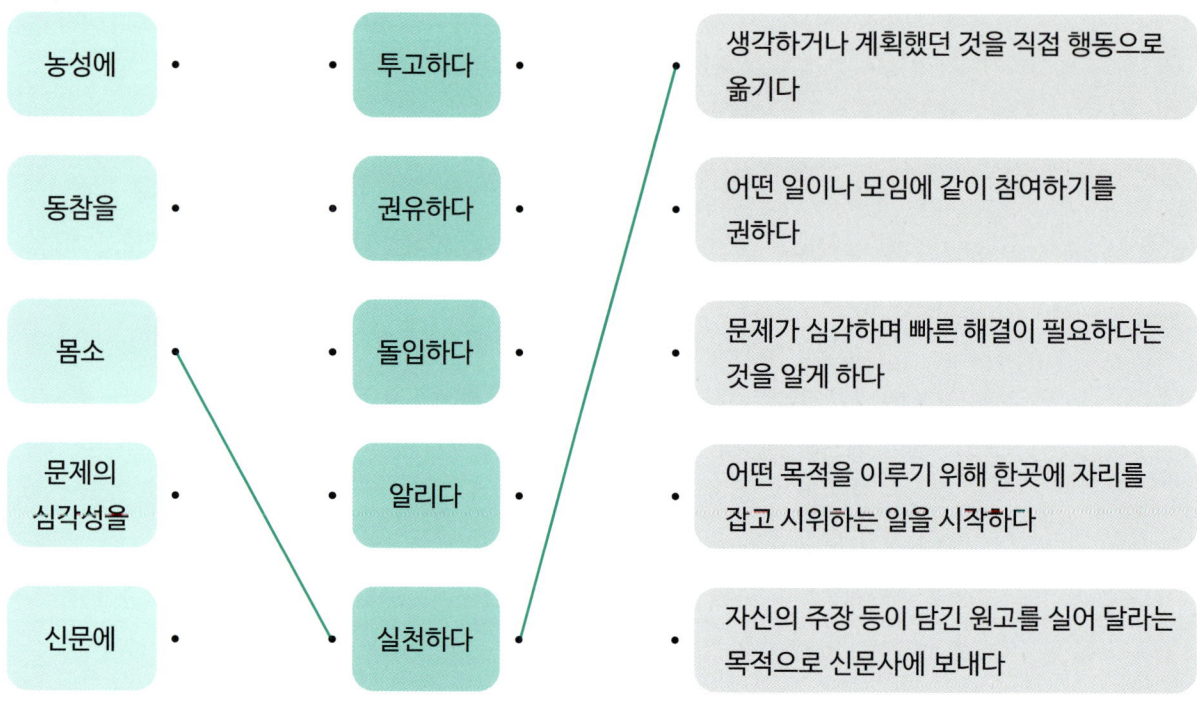

1) 바쁜 일상에서 시간을 투자해 나눔과 봉사를 <u>몸소 실천하는</u> 것은 말처럼 쉽지 않다.

2) 대한환경협회는 '세계 환경의 날'을 맞아 쓰레기 줍기 캠페인을 벌이는 한편 지나가는 시민들에게 _____. 그러자 많은 시민이 걸음을 멈추고 함께했다.

3) A 청소년지원센터는 게임 중독의 악영향을 모르는 청소년들에게 게임 중독 _____ 위해 다양한 교육 프로그램을 실시하고 있다.

4) 최 선생님은 _____ 글이 자신의 의도와 다르게 편집되었다며 신문사에 항의했다.

5) 200여 명의 택배 노동자들이 회사에 근무 환경 개선을 요구하며 _____.

2. 알맞은 말을 골라 문장을 완성해 보세요.

| 기여하다 | 청원하다 | 촉구하다 |
| 발 벗고 나서다 | 적극적으로 홍보하다 | |

1) 학부모회는 학교 측에 학교 폭력 문제에 대한 대책 마련을 <u>촉구했다</u>.

2) IMF 시기에 국민들은 금 모으기 운동에 적극적으로 참여하는 등 경제를 살리기 위해 _____.

3) LEI 방송 프로그램 〈과학이랑 놀자〉는 누구나 이해하기 쉬운 콘텐츠로 과학의 대중화에 _____ 평가를 받고 있다.

4) A 한국어교육센터는 재학생 다섯 명을 선발하여 국내외에 해당 기관이 널리 알려지도록 _____ 역할을 맡겼다.

5) B 아파트 주민들은 학교가 너무 멀어 아이들의 통학*이 힘들다며 아파트 단지 내에 초등학교를 신설해* 줄 것을 구청에 _____.

3. 알맞은 말을 골라 기사문을 완성해 보세요.

| 건의하다 | 연대하다 | 서명 운동을 벌이다 | 시위를 진행하다 |

국회 앞, 동물 실험 금지법 제정을 요구하는 시위 벌어져

10일 오전, 동물 보호 시민 단체 회원들은 국회 앞에서 동물 실험 금지법 제정을 요구하는 1) <u>시위를 진행했다</u>. 이들은 A 화장품 회사에 동물 실험을 중단할 것을 2) _____ 받아들여지지 않자, 동물 실험 금지법 제정을 요구하며 단체 행동에 돌입했다. 전국의 동물 보호 관련 단체들이 3) _____ 해당 시위에는 약 500여 명의 회원이 참여했다. 이들은 실험으로 희생되는 동물 문제의 심각성을 시민들에게 알리는 한편, 동물 실험 금지법 제정을 촉구하는 4) _____.

통학: 집에서 학교까지 오가며 다님.   **신설하다**: 설비, 시설, 제도 등을 새로 만들거나 설치하다.

문법과 표현 ③ 동형-던 차에/차이다

1. 다음과 같이 대화를 완성해 보세요.

1) 가: 이번 보고서 마감 기한이 일주일 뒤로 미뤄졌대요.
   나: 시간이 부족해서 <u>발을 동동 구르고 있던 차였는데</u> 정말 다행이네요.
   (발을 동동 구르고 있다)

2) 가: 오늘 계속 웃고 있네. 무슨 좋은 일 있어?
   나: 응. 돈이 _____ 사장님께서 일을 잘한다고 보너스로 100만 원을 주셨어.
   (필요하다)

3) 가: 요즘 아르바이트 시작했다면서?
   나: 응. 일자리를 _____ 마침 친구가 적당한 아르바이트를 소개해 줬어.
   (구하고 있다)

4) 가: 여러분, 커피 사 왔어요. 드시면서 하세요.
   나: _____ 잘됐네요. 고마워요.
   (졸리다)

5) 가: 시내에 일이 있어서 밖에 좀 나갔다 올게.
   나: 나도 마침 _____ 같이 나가자.
   (나가다)

6) 가: 어떻게 드론 조종사가 되셨습니까?
   나: 진로를 _____ 드론 조종사라는 직업이 유망하다는 정보를 듣고 자격증 공부를
   (고민하다)
   시작했습니다.

2. 다음과 같이 일기를 완성해 보세요.

3월 16일   날씨: 맑음 ☀

운이 좋은 하루

오늘은 정말 행운이 가득한 하루였다.

아침에 눈을 뜨니 8시가 넘어서 옷만 입고 바로 나가도 30분은 지각할 상황이었다. 사장님께 한 소리* 들을까 봐 1) <u>걱정하던 차에</u> 사장님이 전화하셔서 바로 회사로 오지 말고 거래처에 들렀다가 오후에 출근하라고 하셨다.

여유 있게 아침을 먹으려고 냉장고 문을 열었는데 아무것도 없었다. 그래서 할 수 없이 라면이라도 2) _____ 엄마가 갈비탕을 가지고 오셨다. 근처에 온 김에 내가 보고 싶어서 들르셨다는 것이다. 엄마가 주신 갈비탕을 맛있게 먹고 집을 나섰다.

거래처에 도착하니 거래처 직원이 사장님께 갖다 드리라면서 큰 짐을 건넸다. 그런데 혼자 옮기기에는 물건의 양이 너무 많았다. 도움이 3) _____ 갑자기 김 대리님이 나타났다.

"윤하 씨, 사장님이 윤하 씨 걱정된다고 나한테 가 보라고 하셨어요."

그 말을 듣는 순간 오늘 아침부터 겪은 어려움과 행운이 모두 떠올랐다. 나는 정말 운이 좋은 사람인가 보다.

3. 위 문법을 사용하여 여러분이 즐기는 취미나 어떤 일을 시작하게 된 계기를 이야기해 보세요.

저는 기타를 치는 것이 취미입니다. 대학 입시가 끝나고 무료하던* 차에 인터넷에서 전설적인 기타리스트 제프 씨의 연주를 보게 되었습니다. 그 연주를 보고 기타의 매력에 푹 빠져서 기타를 배우게 되었습니다.

한 소리: 잘못이나 실수에 대해서 주의를 주는 짧은 말.   **무료하다**: 흥미 있는 일이 없어 심심하고 지루하다.

문법과 표현 4 　명만 해도

1. 다음과 같이 대화를 완성해 보세요.

1) 가: 일기 예보 봤어? 다음 주 날씨가 어떻대?
   나: 다음 주 내내 비가 많이 온대. <u>월요일만 해도</u> 시간당 100mm 이상의 폭우가 쏟아진대.
   (월요일)

2) 가: 요즘은 초등학교에서 코딩*을 배운다면서요?
   나: 네. 제 _____ 모두 코딩 실력이 뛰어나요.
   (조카들)

3) 가: 한국어 공부는 어때?
   나: 너무 어려워. _____ 모국어랑 어순이 달라서 정말 헷갈려.
   (문법)

4) 가: 수해가 발생한 지역에 전국적으로 많은 도움의 손길이 이어지고 있습니다.
   나: 네. 서울에서 온 _____ 500명에 육박한다고* 합니다.
   (자원봉사자)

5) 가: 한국에는 역사 유적이 많은 것 같아요.
   나: 맞아요. _____ 도시 전체가 세계 문화유산으로 등록될 만큼 유적이 많아요.
   (경주)

6) 가: 전 세계 언어학자들이 한글의 우수성에 감탄했다면서요?
   나: 네. 이 세상에 존재하는 대부분의 발음을 _____ 한글이 우수하다는
   (표기할 수 있다는 것)
   것을 보여 주죠.

 코딩: 작업의 흐름에 따라 프로그램 언어의 명령문을 써서 프로그램을 작성하는 일.
육박하다: 어떤 대상이나 수준에 매우 가까이 다가가다.

2. 알맞은 말을 골라 발표문을 완성해 보세요.

> 근처　　　　작년　　　　제 주변

저희 조는 최근 소비자들의 소비 경향에 대해 조사했습니다. 조사한 내용은 다음과 같습니다.

먼저 요즘 소비자들은 단순히 물건을 구매하는 데 그치는 것이 아니라 환경을 생각해 소비합니다. 이런 소비자들의 의식 변화에 따라 리필 매장이 한국대학교 1) <u>근처만 해도</u> 열 곳이 넘게 생겼습니다.

다음으로 소비자들은 생산자와 공존하려는 경향을 보입니다. 이러한 취지에 맞춰 공정 무역이 급성장하고 있는데요, 2) _____ 공정 무역 가게가 전국적으로 50개나 새로 생겼으며 올해는 더 많이 생길 것으로 예상됩니다.

마지막으로 소비자들은 쓰레기를 줄이고 자원을 절약하려는 경향을 보입니다. 따라서 중고 거래가 활성화되고 있는데 3) _____ 중고 거래 사이트에 가입하지 않은 사람이 없을 정도입니다.

3. 위 문법을 사용하여 다음 주제에 대해 이야기해 보세요.

> 고향의 특징　　　내가 잘하는 것　　　한국어의 어려움　　　?

제 고향은 '역사의 도시'라고 불리고 있습니다. 작은 도시이지만 박물관만 해도 30개가 넘기 때문입니다.

10

변화와 도전

- **10-1** 변화와 갈등
- **10-2** 꿈과 도전

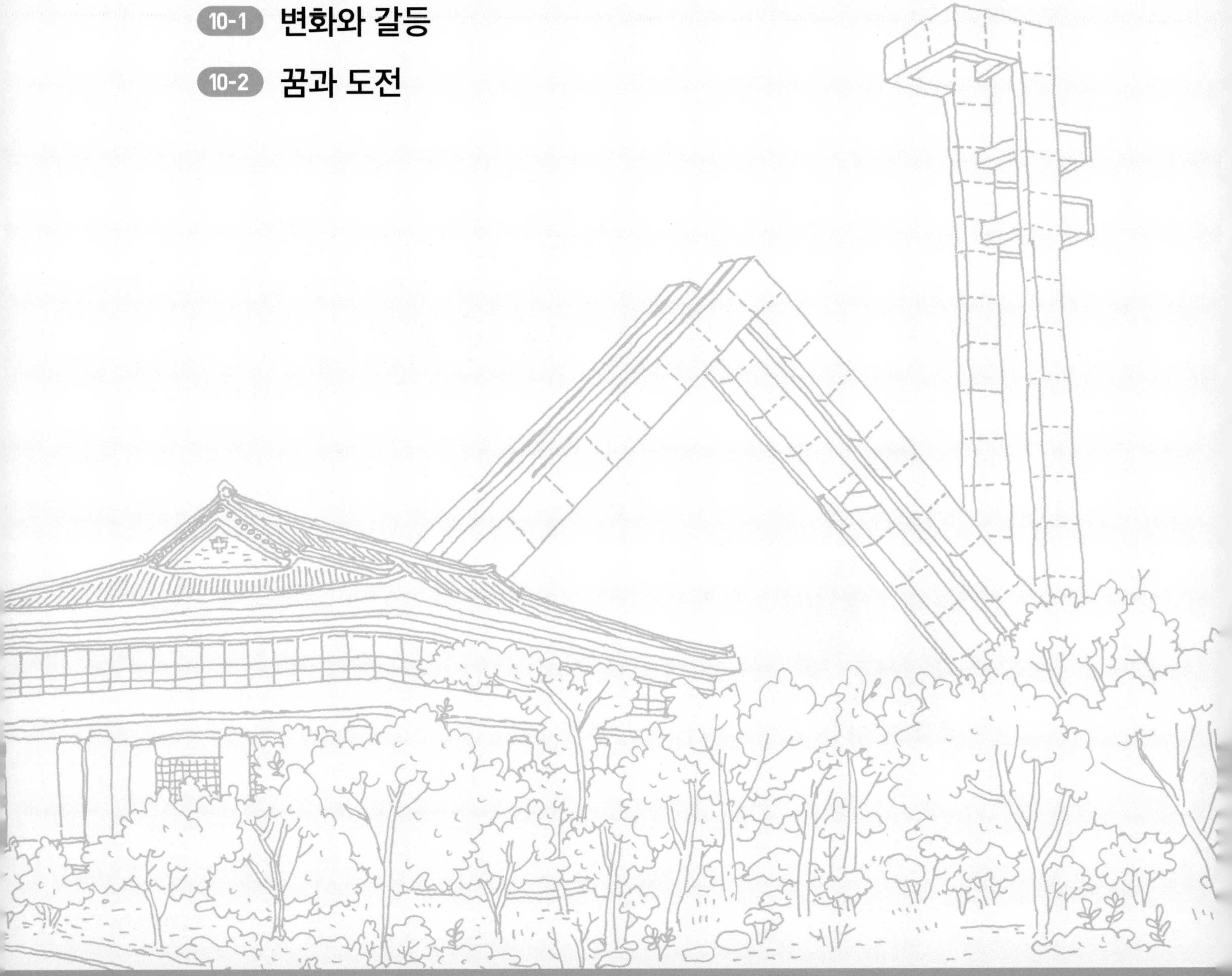

	어휘	세대 갈등, 청년 세대
10-1	문법과 표현	동-자니 동-으랴 동-으랴
10-2	어휘	성공과 실패
	문법과 표현	동-은 끝에, 명 끝에 명에도 불구하고

어휘 Vocabulary

1. 관계있는 것끼리 연결하고 문장을 완성해 보세요.

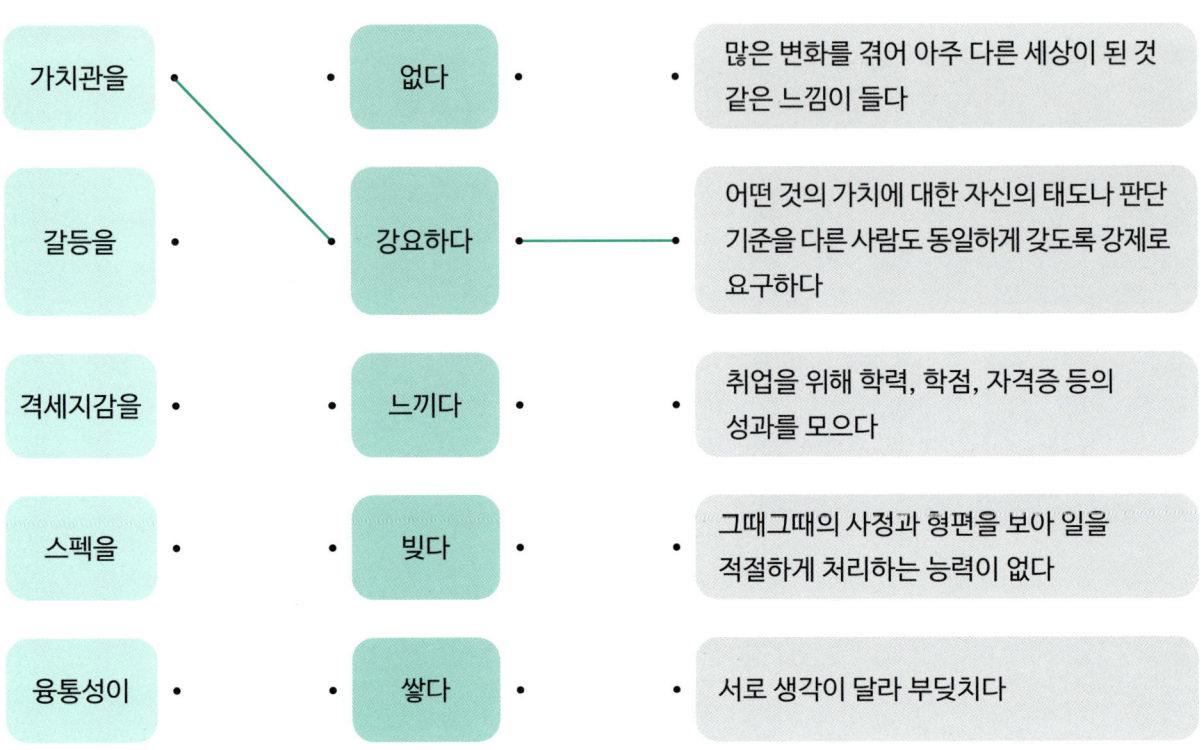

1) 기성세대가 일방적으로 자신의 <u>가치관을 강요하면</u> 젊은 세대와 갈등이 생기기 마련이다.

2) 우리 사장님은 _____ 한번 결정된 사항은 어떠한 경우라도 절대 바꾸지 않으신다.

3) 취업난이 심해지는 가운데 취업 준비생들은 봉사 활동, 해외 연수 등의 _____ 위해 엄청난 시간과 돈을 투자하고 있다.

4) 10년 만에 찾은 고향이 예전과 너무 달라져서 _____.

5) 한 조사에 따르면 아파트 주민들이 이웃과 _____ 가장 큰 원인은 소음 문제인 것으로 나타났다.

2. 알맞은 말을 골라 문장을 완성해 보세요.

> 실업률이 높다   의견을 경청하다   (의견이 충돌하다)   획일적인 잣대를 들이대다

1) 직장 생활을 하다 보면 <u>의견이 충돌하는</u> 경우가 종종 발생하는데, 가장 좋은 해결 방법은 상대방과 차분히 대화를 시도하는 것이다.

2) A시는 기업 수는 적은데 인구는 많아서 _____ 것으로 나타났다.

3) 서로의 말에 귀를 기울이지 않으면 대화가 제대로 이루어지기 힘들다. 자기 의견만 주장하지 말고 상대방의 _____ 자세가 필요하다.

4) _____ 시험을 통해 다양한 특성을 가진 학생들의 우열을 가리는* 것은 올바르지 않다는 지적이 나오고 있다.

3. 알맞은 말을 골라 인터뷰 기사문을 완성해 보세요.

> 기성세대   (취업난)   도전 정신   열정을 쏟다   패기가 넘치다

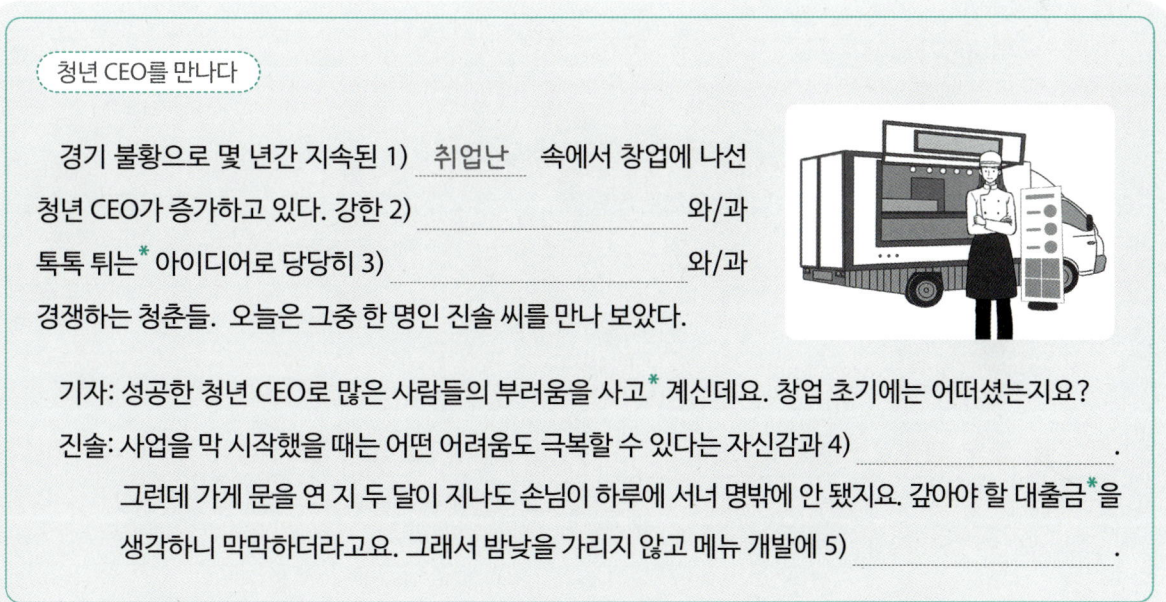

청년 CEO를 만나다

경기 불황으로 몇 년간 지속된 1) <u>취업난</u> 속에서 창업에 나선 청년 CEO가 증가하고 있다. 강한 2) _____ 와/과 톡톡 튀는* 아이디어로 당당히 3) _____ 와/과 경쟁하는 청춘들. 오늘은 그중 한 명인 진솔 씨를 만나 보았다.

기자: 성공한 청년 CEO로 많은 사람들의 부러움을 사고* 계신데요. 창업 초기에는 어떠셨는지요?

진솔: 사업을 막 시작했을 때는 어떤 어려움도 극복할 수 있다는 자신감과 4) _____.
그런데 가게 문을 연 지 두 달이 지나도 손님이 하루에 서너 명밖에 안 됐지요. 갚아야 할 대출금*을 생각하니 막막하더라고요. 그래서 밤낮을 가리지 않고 메뉴 개발에 5) _____.

 우열을 가리다: 나은 것과 못한 것을 구분하거나 나누다.   **톡톡 튀다**: 말이나 행동 등이 보통 것과는 달리 눈에 띄다.
부러움을 사다: 다른 사람에게 부러운 감정을 가지게 하다.   **대출금**: 은행에서 빌려준 돈. 또는 빌린 돈.

문법과 표현 1 동-자니

1. 다음과 같이 대화를 완성해 보세요.

1) 가: 뭘 그렇게 심각하게 고민하고 있어?
   나: 라면을 한 개 <u>먹자니</u> 적을 것 같고 두 개 <u>먹자니</u> 많을 것 같아서 고민 중이야.
   (먹다)   (먹다)

2) 가: 어제 본 면접은 어땠어요?
   나: 순서를 _____ 불안하고 초조해서 다리가 후들거렸어요. 그런데 막상
                (기다리고 있다)
   면접장 들어가서는 잘 대답한 것 같아요.

3) 가: 왜 기분이 안 좋아요? 무슨 일 있어요?
   나: 동생이 잘못한 건데 어머니가 저를 혼냈어요. 잘못한 것도 없이 _____ 너무
                                                                    (혼나고 있다)
   억울하고 속상하더라고요.

4) 가: 복직* 축하해요. 오랜만에 출근하신 소감이 어때요?
   나: 오랜만에 출근해서 좋긴 한데 아이를 어린이집에 맡기고 _____ 발길이
                                                              (출근하다)
   떨어지지 않더라고요*.

5) 가: 이번 여행에서 가장 인상적인 장소는 어디였습니까?
   나: 이탈리아의 밀라노였습니다. 두오모 성당을 _____ 그 웅장함에 압도되는
                                                   (보고 있다)
   느낌이 들었습니다.

6) 가: 이번 영화에서 정말 놀라운 연기를 보여 줬다는 평을 받고 계신데요. 캐릭터와 실제 성격이 비슷하신가요?
   나: 아뇨. 제가 맡은 인물이 제 실제 성격과 너무 달라 처음에는 많이 힘들었습니다. 그런데 연기를
   _____ 어느 순간 그 역할에 빠져들어 가는 느낌을 받았어요.
            (하고 있다)

 복직: 일을 그만두거나 휴직했던 사람이 다시 원래의 직장으로 돌아가 업무를 계속함.
발길이 떨어지지 않다: 근심, 걱정 등으로 마음이 놓이지 않아 쉽게 떠날 수가 없다.

2. 다음과 같이 문장을 완성해 보세요.

LEI SNS

Jasmin03
202△. 2. 15.
한국에 온 지 2주가 되었다. 아직 모든 것이 낯설기만 하다. 몸살이 나서 혼자 방에 1) <u>누워 있자니</u> 고향에 있는 가족들 생각에 눈물이 난다.

Jasmin03
202△. 4. 2.
오늘은 중간시험 날. 준비를 별로 하지 못한 채 문제를 2) _____ 단어가 하나도 생각이 안 나서 눈앞이 캄캄했다*. 내가 6급을 수료할 수 있을까?

Jasmin03
202△. 4. 8.
오늘의 작문 숙제는 '고향의 유명한 건축물을 묘사하는 글 쓰기'이다. 모국어로도 쓰기 어려운 주제를 한국어로 3) _____ 막막했다.

Jasmin03
202△. 5. 6.
오늘은 발표 시험 날이었다. 친구들과 선생님 앞에서 4) _____ 너무 긴장되어서 식은땀이 났다.

Jasmin03
202△. 11. 10.
내일이면 드디어 졸업이다. 그동안 힘들었던 순간들이 떠오른다. 그래도 정든 학교를 5) _____ 아쉽기만 하다.

3. 위 문법을 사용하여 어떤 일을 하려고 할 때 불안했거나 마음속에 갈등을 느꼈던 경험을 이야기해 보세요.

> 저는 5년 동안 다니던 회사에 사직서를 낼까 고민했었어요. 그런데 막상 사직서를 내자니 아쉬운 마음도 들고 내 선택이 과연 옳은지 확신이 들지 않았어요.

눈앞이 캄캄하다: 어떻게 해야 할지 몰라 막막하다.

문법과 표현 2 동-으랴 동-으랴

1. 다음과 같이 대화를 완성해 보세요.

1) 가: 장사가 잘되나 봐요. 식당에 손님이 많네요.
   나: 네. 손님은 많은데 혼자 일하니까 <u>주문을 받으랴 계산을 하랴</u> 정신이 하나도 없어요.
   (주문, 받다 / 계산, 하다)

2) 가: 여러분, 발표 준비하느라 바쁘죠?
   나: 네. _____ 너무 바빠요.
   (원고, 쓰다 / 발표 자료, 만들다)

3) 가: 유학 준비는 잘돼 가요?
   나: 이휴, _____ 몸이 열 개라도 부족해요*.
   (비자 서류, 준비하다 / 대학 입학 서류, 작성하다)

4) 가: 말하기 시험 잘 봤어요?
   나: 아니요. _____ 정신이 하나도 없었어요.
   (문제, 이해하다 / 말할 내용, 생각하다)

5) 가: 지금 한국의 노년층은 젊은 시절에 정말 고생을 많이 한 것 같아요.
   나: 맞아요. 가난 속에서도 _____
   (생계, 유지하다 / 자식들, 공부시키다)
   정말 힘든 시기를 보낸 세대죠.

6) 가: 요즘 청년들은 청춘을 즐길 시간이 별로 없는 것 같아요.
   나: 맞아요. 취업하기 위해 _____
   (전공 공부, 하다 / 자격증, 따다)
   눈코 뜰 새 없이* 바쁘니까요.

몸이 열 개라도 부족하다: 매우 바쁜 모습을 비유적으로 표현하는 말.
눈코 뜰 새 없다: 정신 못 차리게 몹시 바쁘다.

2. 알맞은 말을 골라 인터뷰를 완성해 보세요.

> ⊙스펙을 쌓다   ⊙아르바이트하다   아이를 키우다
> 일을 하다   한국 사회에 적응하다   한국어를 배우다

기   자: 정부에서 이번에 국민 복지 증진*을 위해 몇 가지 정책을 내놓았다고 하는데요. 어떤 정책인지 설명 부탁드립니다.

정부 대변인: 우선 1) __스펙을 쌓으랴 아르바이트하랴__ 바쁜 대학생들에게 가정의 소득 수준에 따라 장학금을 제공할 것입니다. 다음으로 2) _____ 정신없이 하루하루를 보내고 있는 맞벌이 부부를 위해 공립* 어린이집을 증설하고* 돌봄 시간을 연장할 계획입니다. 마지막으로 3) _____ 힘들어하는 이민자들을 위해 무료 한국어 교실을 여는 것은 물론, 한국인들과 쉽게 어울릴 수 있는 교류의 장*도 만들 예정입니다.

3. 위 문법을 사용하여 바쁘고 정신없었던 경험을 이야기해 보세요.

> 저는 지난주까지 논문을 쓰랴 수업을 들으랴 너무 바빴어요. 이제 논문이 끝나서 조금 한가해졌어요. 그런데 다음 달에는 또 기말시험이 있네요. 시험을 준비하랴 작문 숙제를 하랴 한동안 또 바쁠 것 같아요.

 증진: 기운이나 세력 따위가 점점 더 늘어 가고 나아감.　　**공립**: 지방 자치 단체가 설립하여 운영함. 또는 그런 시설.
증설하다: 더 늘려 설치하다.　　**장**: 어떤 일이 행해지는 곳.

어휘 Vocabulary

1. 알맞은 말을 골라 문장을 완성해 보세요.

> 난관에 부딪히다   방황을 끝내다   불운이 몰려오다
> (뼈를 깎는 고통을 감수하다)   삶을 개척하다   역경을 이겨 내다

1) 많은 사람이 성형 수술을 쉽게 생각하지만 사실은 예뻐지기 위해 <u>뼈를 깎는 고통을 감수하는</u> 것이다.

2) 범인의 혐의가 입증되기* 직전이었는데, 증인*이 갑자기 말을 바꾸면서 수사가 _____.

3) 나는 대학에 떨어진 후 좌절감 속에서 매일 게임에 빠져 살았다. 그러다가 더 이상 이렇게 지낼 수는 없다는 생각이 들어서 _____ 창업을 준비하고 있다.

4) 한우주 선수는 경기 중 부상을 당하여 큰 수술을 세 차례나 받았다. 재활 치료를 받은 후에도 후유증*이 남아 선수 생활을 계속하기가 쉽지 않았으나, 이런 _____ 올림픽에 출전했다.

5) 오늘 나는 지원한 회사에서 모두 불합격 통보를 받았고 길을 건너다 억울하게 교통사고마저 당했다. 왜 나에게 계속 _____ 세상이 원망스러웠다.

6) 성인이 된 후에도 부모로부터 정신적으로 독립하지 못하는 자녀들이 많다. 부모는 자녀가 부모에게 의존하지 않고 자신이 잘할 수 있는 일을 찾아 스스로 _____ 이끌어 주어야 한다.

입증되다: 증거를 통해 어떤 사실이 증명되다.
증인: 어떤 사실을 증명하거나 증언하는 사람.
후유증: 어떤 병을 앓고 난 뒤에도 남아 있는 증상.

2. 알맞은 말을 골라 글을 완성해 보세요.

> 능력을 인정받다   목표를 달성하다   생계가 막막하다   (시련이 찾아오다)   혼신의 힘을 다하다

강영우 박사는 어린 시절 아버지를 여의었다*. 아버지를 여읜 슬픔을 겨우 극복해 갈 무렵, 더 큰 1) 시련이 찾아왔다 . 축구공에 눈을 맞아 실명한 것이다. 가족을 책임졌던 어머니와 누나마저 세상을 떠난 후 2) _____ 삼 남매는 모두 뿔뿔이 흩어졌다. 그러나 강영우 박사는 포기하지 않고 대학에 진학하여 남을 도우며 살겠다는 목표를 세웠다. 그의 꿈을 비웃는 사람들도 있었지만 3) _____ 끝에 대학 진학이라는 4) _____. 대학 졸업 후 미국 유학길에 오른 그는 박사 학위를 취득하고 미국 공무원이 되었다. 이후 5) _____ 백악관 장애인위원회 정책 차관보가 되었다.

3. 빈칸에 알맞은 말을 넣어 보세요.

	a				d		
가	고	통	을		감	수	하 다
				나			
b		c					
다							
					e	라	
마							

가로 열쇠 →

가. 괴롭고 힘든 일을 받아들이다.
나. 눈 위에 서리가 덮인다는 뜻으로 곤란하거나 불행한 일이 잇따라 일어나는 모습을 나타냄.
다. 다른 방향이나 상태로 바뀌는 계기.
라. 운이 좋지 않음.
마. 꺼리거나 싫어하여 피하다.

세로 열쇠 ↓

a. 어떤 일을 이루기 위해 어려움을 견디며 몸과 마음을 다하여 무척 애를 씀. 예 ○○의 노력을 기울이다.
b. 일곱 번 넘어지고 여덟 번 일어남.
c. 대학에서 학생의 성적을 표시하는 단위.
d. 물려받은 재산 없이 자기의 힘으로 성공하다.
e. 많은 어려움에도 포기하지 않음. 예 ○○의 의지.

 여의다: 부모나 사랑하는 사람이 죽어서 이별하다.

문법과 표현 ❸   동-은 끝에, 명 끝에

1. 다음과 같이 대화를 완성해 보세요.

1) 가: 이번에 TOPIK 6급에 합격했다면서? 축하해!
   나: 고마워. 세 번이나 <u>도전한 끝에 드디어 합격했어</u>.
   (도전하다, 드디어 합격하다)

2) 가: 어제 친구들이랑 맛집 다녀왔다고 했지? 어땠어?
   나: 맛은 있었는데 유명한 곳이라 그런지 세 시간이나 _____.
   (기다리다, 겨우 먹다)

3) 가: 회사를 그만두니까 기분이 어때요?
   나: _____ 거라서 아쉬움도 없고 속이 시원해요.
   (오래 고민하다, 결정하다)

4) 가: 하리 씨, 데뷔를 축하드립니다. 연습생 생활이 길었다고 들었는데요.
   나: 네. 8년 동안 연습생 생활을 _____.
   (계속하다, 마침내 데뷔하다)

5) 가: 89세 할머니가 대학을 졸업해서 화제가 되고 있어요.
   나: 네. 뒤늦게 시작한 공부라서 어려움이 많았지만, _____
   (끊임없이 노력하다, 대학 졸업장을 받다)
   _____ 해요.

6) 가: 구민준 교수님, 이번에 발표하신 논문이 화제가 되고 있는데요. 논문을 쓰실 때 어려운 점은 무엇이었습니까?
   나: 특별히 어느 한 부분이 어려웠다기보다는 논문을 쓰는 과정 자체가 힘들었습니다. 10년을 _____ 수 있었으니까요.
   (연구하다, 실험 결과를 겨우 얻다)

2. 다음과 같이 신문 기사의 제목을 완성해 보세요.

1) **노사 갈등*을 빚던 H 기업,** 협상 끝에 **극적 타결***
6개월이 넘는 협상 과정을 통해 드디어 해결점 찾아

2) **가수 권혜나, 오랜** _____ **신곡 발표**
3년간의 준비 과정을 담은 영상도 함께 선보여

3) **김부자 씨, 꾸준한** _____ **슈퍼 딸기 재배 성공**
10년 동안 새로운 품종* 개발을 위한 노력을 멈추지 않아

4) **정치인 고진열 씨,** _____ **결국 대통령 선거에 출마하기*로**
작년부터 고민하던 중 가족들의 권유로 출마 결심해

3. 위 문법을 사용하여 다음 주제에 대해 이야기해 보세요.

> 오랜 노력이나 시간을 투자하여 달성한 일

> 오래 고민해서 결정한 일

저는 한국어 발음을 잘하기 위해 많은 노력을 했습니다. 특히 'ㄹ' 발음이 어려웠는데, 3개월간 'ㄹ' 발음을 매일 연습한 끝에 마침내 자연스럽게 발음할 수 있게 되었습니다.

노사 갈등: 노동자와 사용자 사이에 임금, 노동 조건에 대한 이해관계의 차이로 발생하는 갈등.
타결: 의견이 대립된 양편에서 서로 양보하여 일을 마무리함.
품종: 같은 종의 생물을 그 특성에 따라 나눈 단위. **출마하다**: 선거에 후보로 나가다.

문법과 표현 4 : 명에도 불구하고

1. 다음과 같이 대화를 완성해 보세요.

1) 가: 이번에 한국대학교에 수석*으로 합격한 학생 이야기 들었지요?
   나: 네. 들었어요. <u>어려운 환경에도 불구하고</u> 공부를 포기하지 않은 훌륭한 학생이더라고요.
   (어려운 환경)

2) 가: 지수 씨가 갑자기 유학을 갔다면서요?
   나: 네. _____ 아는 사람 하나 없는 낯선 나라로 떠났어요.
   (주변의 걱정)

3) 가: 아야코 씨는 여행에 대한 열정이 대단한 것 같아요.
   나: 그러니까요. _____ 오로라를 보겠다고 캐나다 북부로 갔대요.
   (추운 날씨)

4) 가: 지난 분기* 출산율이 0.7명으로 역대 최저를 기록했습니다.
   나: 네. _____ 출산율은 계속 낮아지는 추세입니다.
   (정부의 노력)

5) 가: 시민 단체 '나눔'의 회장 한우성 씨가 오늘 기자 회견을 했다고요. 어떤 내용이었습니까?
   나: 한우성 씨는 _____ 선거에 출마하지 않겠다고 말했습니다.
   (많은 사람의 지지)

6) 가: 다음은 회장님의 인사 말씀이 있겠습니다.
   나: 안녕하십니까, 여러분. _____ 이번 행사에 와 주신 내빈*
   (바쁘신 일정)
   여러분께 감사의 인사를 드립니다.

 수석: 가장 좋은 성적. 또는 그런 성적을 얻은 사람. **분기**: 1년을 넷으로 나눈 3개월씩의 기간.
내빈: 모임에 공식적으로 초대를 받고 온 사람.

2. 관계있는 것끼리 연결하고 문장을 완성해 보세요.

1) 한국에서 오래 살았다 • • 건강 관리에 소홀한 경우가 많다
2) 타라 씨는 한국 사람이 아니다 • • 아파트 가격이 계속 상승하고 있다
3) 커피 시장의 규모가 확대되고 있다 • • 한국어 실력이 늘지 않아서 걱정이다
4) 주택 공급을 늘리고 있다 • • 모르는 한국 속담이 없다
5) 청소년기는 성장 발달의 중요한 시기이다 • • 커피 생산자의 이익은 줄어들고 있다

1) 한국에서 오래 살았음에도 불구하고 한국어 실력이 늘지 않아서 걱정이다 .
2) _____ .
3) _____ .
4) _____ .
5) _____ .

3. 위 문법을 사용하여 다음과 같이 뉴스의 제목을 만들어 보세요.

보기

예상되는 상황	폭염에는 사람들이 밖에 나오지 않을 것이다.
실제 결과	(그럼에도 불구하고) 많은 사람이 한강 공원에 나왔다.
뉴스 제목	폭염에도 불구하고 한강 공원은 사람들로 북적

1)

예상되는 상황	
실제 결과	(그럼에도 불구하고)
뉴스 제목	

2)

예상되는 상황	
실제 결과	(그럼에도 불구하고)
뉴스 제목	

복습 5

어휘 Vocabulary

▶ 정리하기

✐ 다음에서 알고 있는 어휘에 ✔ 해 보세요.

9-1과

십시일반 ☐	조손 가정 ☐	참된 인술을 펼치다 ☐
자원봉사 ☐	취약 계층 ☐	희생하는 삶을 살다 ☐
박애 정신 ☐	후원하다 ☐	기부금/성금을 내다 ☐
불우 이웃 ☐	사명감을 가지다 ☐	선한 영향력을 실천하다 ☐
빈곤 아동 ☐	재능을 기부하다 ☐	

9-2과

인식의 전환 ☐	기여하다/이바지하다 ☐	시위를 진행하다 ☐
건의하다 ☐	몸소 실천하다 ☐	신문에 투고하다 ☐
연대하다 ☐	발 벗고 나서다 ☐	적극적으로 홍보하다 ☐
청원하다 ☐	농성에 돌입하다 ☐	문제의 심각성을 알리다 ☐
촉구하다 ☐	동참을 권유하다 ☐	서명 운동을 벌이다/실시하다 ☐

10-1과

취업난 ☐	열정을 쏟다 ☐	의견이 충돌하다 ☐
기성세대 ☐	실업률이 높다 ☐	격세지감을 느끼다 ☐
과열 경쟁 ☐	융통성이 없다 ☐	버릇이/예의가 없다 ☐
도전 정신 ☐	패기가 넘치다 ☐	갈등을 빚다/해소하다 ☐
자기 계발 ☐	의견을 경청하다 ☐	획일적인 잣대를 들이대다 ☐
스펙을 쌓다 ☐	의견을 존중하다 ☐	가치관을 강요하다/고집하다 ☐

10-2과

설상가상 ☐	난관에 부딪히다 ☐	역경을 이겨 내다 ☐
칠전팔기 ☐	능력을 인정받다 ☐	혼신의 힘을 다하다 ☐
불굴의 의지 ☐	목표를 달성하다 ☐	각고의 노력을 기울이다 ☐
자수성가하다 ☐	불운이 몰려오다 ☐	뼈를 깎는 고통을 감수하다 ☐
방황을 끝내다 ☐	생계가 막막하다 ☐	
삶을 개척하다 ☐	시련이 찾아오다 ☐	

) 평가하기

[1~5] 다음 ( )에 들어갈 가장 알맞은 것을 고르세요.

1.

주민 센터 앞에 설치된 '나눔 냉장고'. 여기에 음식을 채워 놓으면 우리 주변의 취약 계층에게 전달됩니다. 어려운 이웃과 음식을 나눔으로써 (　　　　　) 수 있는 '나눔 냉장고 캠페인'에 많은 관심 부탁드립니다.

① 희생하는 삶을 살　　　　　② 각고의 노력을 기울일
③ 문제의 심각성을 알릴　　　④ 선한 영향력을 실천할

2.

시민 단체 '댕댕' 회원들은 반려동물 매매 금지법의 제정을 (　　　) 시위를 하고 있다.

① 청구하는　　② 촉구하는　　③ 취득하는　　④ 후원하는

3.

H시가 버스 터미널을 다른 곳으로 이전한다*는 계획안을 발표했다. 터미널 주변의 상인들은 경제적 손실과 세금 낭비를 이유로 이전에 반발하며 (　　　　　).

① 난관에 부딪혔다　② 농성에 돌입했다　③ 사명감을 가졌다　④ 의견을 존중했다

4.

아파트에서 층간 소음 문제로 (　　　) 경우가 있다. T 아파트의 층간 소음 관리 위원장 정태이 씨는 이에 대해 '윗집은 매트를 깔거나 실내 슬리퍼를 신는 노력이, 아랫집은 윗집의 사정을 이해하려는 마음이 필요하다'고 말했다.

① 갈등을 빚는　② 열정을 쏟는　③ 생계가 막막한　④ 잣대를 들이대는

5.

가: 어제 본 연극 〈빨래〉 정말 대단했지? 배우들의 열연*이 인상 깊었어.
나: 맞아. (　　　　) 연기하는 배우들과 이를 숨죽여 보는 관객이 함께 호흡하는 느낌이라 더 재미있었어.

① 역경을 이겨 내고　② 의견을 경청하며　③ 인식을 전환하여　④ 혼신의 힘을 다해

 이전하다: 장소나 주소를 다른 데로 옮기다.　　**열연**: 열렬한 연기.

[6~10] 다음 밑줄 친 부분과 의미가 비슷한 것을 고르세요.

6.
청년들이 서로 소통하면서 <u>같은 뜻을 가지고 함께 나아간다면</u> 기성세대가 풀지 못한 불평등 문제 등의 해법도 찾을 수 있다고 확신한다.

① 강요한다면　　② 연대한다면　　③ 주저한다면　　④ 충돌한다면

7.
명절을 맞아 귀성객들에게 각 지역의 농산물을 <u>널리 알리기</u> 위해 전국 휴게소에서 농산물 할인 행사를 하기로 했다.

① 공생하기　　② 동참하기　　③ 돌입하기　　④ 홍보하기

8.
통계청의 조사에 따르면 주요 생필품 가격이 전년 대비 8% 올랐습니다. <u>엎친 데 덮친</u>* 격으로 15호 태풍까지 한반도에 직접 영향을 미칠 것으로 보여 국민들의 생활이 더 어려워질 것으로 전망되고 있습니다.

① 격세지감　　② 설상가상　　③ 허무맹랑　　④ 황당무계

9.
요즘 집에서 식물을 키우는 사람이 늘어나면서 '반려 식물'이라는 말이 자주 들립니다. 그만큼 식물을 동반자로 인식하는 사람들이 늘었다는 건데요. 이들은 식물이 가진 녹색에서 심리적 위안을 얻으며, 식물을 <u>소중히 여기는</u> 과정에서 즐거움도 찾는다고 합니다.

① 승승장구하는　　② 십시일반하는　　③ 애지중지하는　　④ 우후죽순하는

10.
<u>혼자 힘으로 집안을 일으켜 세우거나 성공한</u> 부자들의 공통점은 돈을 목표로 일하지 않았다는 것이다.

① 자수성가한　　② 방황을 끝낸　　③ 몸소 실천한　　④ 목표를 달성한

 엎친 데 덮치다: 어렵거나 나쁜 일이 겹치어 일어나다.

복습 5

[11~13] 다음 (　　)에 공통적으로 들어갈 단어를 고르세요.

11.
- 수업이 시작되자 학생들이 모두 책을 (　　).
- 오랜 연습을 마친 배우들이 멋진 무대를 (　　).
- 그 의사 선생님께서는 참된 인술을 (　　) 분이셨다.

① 나서다　　② 펼치다　　③ 기울이다　　④ 선보이다

12.
- 타인과의 관계에서 갈등을 (　　) 못해 고민하는 청소년들이 늘고 있다.
- 이 책은 한국어의 어원에 대한 궁금증을 (　　) 주어 많은 인기를 끌고 있다.
- A 아파트는 주차난을 (　　) 위해 아파트 인근에 공영 주차장을 조성하기로 했다.

① 극복하다　　② 실시하다　　③ 자극하다　　④ 해소하다

13.
- 허주명 교수의 연구 업적은 AI 학습의 효율성을 높이는 데에 (　　) 바가 크다.
- 그는 항공 우주 산업 발전에 (　　) 공로를 인정받아 '항공 우주 공로상'을 받았다.
- 재능 기부는 개인이 가진 재능을 다른 사람들에게 나누어 사회에 (　　) 기부 형태 중 하나이다.

① 고집하다　　② 기여하다　　③ 실천하다　　④ 장려하다

[14~15] 밑줄 친 부분이 어색한 것을 고르세요.

14.
① J 병원 응급실 직원들은 의료진으로서 사명감을 갖고 밤낮 환자를 돌보고 있다.
② 양홍섭 선수는 여러 차례 도전에 실패했지만 칠전팔기의 정신으로 결국 우승을 했다.
③ 나는 암 판정을 받고 절망적이었던 순간에 운동을 통해 새로운 삶을 시작하게 되었다.
④ 정부는 실업률이 역대 최고치에 이르자 대수롭지 않게 여기고 문제 해결에 힘을 쏟았다.

15.
① 낮은 품질의 상품은 소비자의 불신을 초래하는 원인이 된다.
② A 사 직원들은 이번 인사이동이 부당하다며 백지화를 신청했다.
③ 그는 악성 댓글에 상처받을 때가 있다며 솔직한 심정을 토로했다.
④ 엄청난 폭우로 갑자기 불어난 물을 감당하지 못한 하천이 범람했다.

문법과 표현
Grammar & Expression

▶ 정리하기

✏️ 다음에서 알고 있는 문법과 표현에 ✔ 해 보세요.

9-1과

| 명이라고는 | ☐ 오늘 먹은 **음식이라고는** 바나나 한 개뿐이다. |
| 동-건대 | ☐ **짐작하건대** 그 소문은 사실이 아닐 것 같다. |

9-2과

| 동형-던 차에/차이다 | ☐ **심심하던 차에** 친구가 집에 놀러 왔다. |
| 명만 해도 | ☐ 혼자 살면 돈이 많이 들어간다. **월세만 해도** 한 달에 50만 원이나 내야 한다. |

10-1과

| 동-자니 | ☐ 폭우가 내리는 날 집에 혼자 **있자니** 무서운 느낌이 들었다. |
| 동-으랴 동-으랴 | ☐ 새 직장에 들어온 지 얼마 안 돼서 **적응하랴 일하랴** 눈코 뜰 새 없이 바쁘다. |

10-2과

| 동-은 끝에, 명 끝에 | ☐ 포기하지 않고 **노력한 끝에** 대학교에 합격할 수 있었다. |
| 명에도 불구하고 | ☐ 반복된 **실패에도 불구하고** 그는 계속 도전하고 있다. |

▶ 평가하기

[1~2] 다음 (   )에 들어갈 가장 알맞은 것을 고르세요.

1. 이번 프로젝트의 역할 분담에 대해 동료들과 의견 충돌이 있었지만, 오랫동안 (   ) 해결 방안을 찾을 수 있었다.

   ① 논의한 끝에   ② 논의한 나머지   ③ 논의할 정도로   ④ 논의하는 데에

2.
> 입사하고 10년 동안 이 회사에 대한 (   ) 구내식당 밥이 맛이 없다는 것뿐이었다.

① 불만이든지　　② 불만치고는　　③ 불만이라고는　　④ 불만인 한편

[3~4] 다음 밑줄 친 부분과 의미가 비슷한 것을 고르세요.

3.
> 집이 좁아서 안 쓰는 물건을 정리하고 싶은데 <u>버리자니</u> 아까워서 고민하는 중이다.

① 버리는 한편　　② 버릴 정도로　　③ 버리는 것보다　　④ 버리려고 하니

4.
> 정부가 물가 상승 대책을 <u>마련했음에도 불구하고</u> 물가는 지속적으로 오르고 있다.

① 마련한답시고　　② 마련했는데도　　③ 마련했더라도　　④ 마련하려다가도

[5~7] 알맞은 표현을 골라서 대화를 완성하세요.

> -건대　　　-던 차에　　　만 해도　　　-으랴 -으랴

5. 가: 엄성훈 씨, 뮤지컬 배우가 된 계기를 말씀해 주실 수 있을까요?
   나: 네. 고등학교 때 진로를 결정하지 못해 _____ 친구 아버지께서 보여 주신 뮤지컬 한 편이 제 인생의 전환점이 되었습니다.

6. 가: 이번 핸드볼 경기에서 어느 팀이 우승할 것 같습니까?
   나: 제가 _____ 두 팀의 실력이 비슷해서 막상막하*의 경기가 될 것입니다.

7. 가: 감독님, 이번 영화에 대한 소개를 부탁드립니다.
   나: 이 영화는 _____ 바쁘게 사는 워킹맘의 어려움을 다루고 있습니다.

📝 **막상막하**: 더 낫고 더 못함의 차이가 거의 없음.

듣기 Listening

[1] 다음을 듣고 질문에 답하세요.

1. 무엇에 대해 이야기하고 있는지 고르세요.
   ① 모피 산업 반대 시위
   ② 모피 상품의 생산 과정
   ③ 동물 집단 사육의 문제점
   ④ 합성 섬유와 천연 모피의 차이점

[2~3] 다음 대화를 듣고 질문에 답하세요.

2. 여자의 태도로 알맞은 것을 고르세요.
   ① 달라진 회식 문화를 소개한다.
   ② 회식 문화의 필요성을 강조한다.
   ③ 회식 문화에 대한 불만을 토로한다.
   ④ 회식 문화의 취지에 대해 설명한다.

3. 남자의 중심 생각으로 알맞은 것을 고르세요.
   ① 회식 문화는 회사의 업무에 도움이 된다.
   ② 회식에서 술을 마시는 문화는 완전히 사라졌다.
   ③ 회식은 선배와 후배 사이에 갈등을 조장한다.
   ④ 선배들과 업무 시간에 이야기를 많이 해야 한다.

[4~5] 다음 홍보 방송을 듣고 질문에 답하세요.

4. 들은 내용과 일치하는 것을 고르세요.
   ① 현선이의 할아버지는 생계를 책임지고 있다.
   ② 현재 100만 명이 임대 주택에서 거주하고 있다.
   ③ 정부는 예산 부족으로 임대 주택 짓기를 중단했다.
   ④ 최소한의 주거 기준을 위한 법이 제정되어 있지 않다.

5. 여자의 말하기 방식으로 알맞은 것을 고르세요.
   ① 사례를 들면서 개념을 설명하고 있다.
   ② 긍정적 변화 가능성을 제시하며 동참을 촉구하고 있다.
   ③ 자신의 경험을 근거로 봉사의 중요성을 강조하고 있다.
   ④ 문제 상황을 비판하며 정부에 대책 마련을 요구하고 있다.

합성 섬유: 석유, 석탄, 천연가스 등을 원료로 하여 화학적으로 처리하여 만든 섬유.
단합: 많은 사람이 마음과 힘을 한데 뭉침.
조장하다: 바람직하지 않은 일을 더 심해지도록 부추기다.
국민 임대 주택: 국가나 민간 업체 등에서 저소득층에게 장기간 저렴한 가격으로 공급하는 주택.
강권하다: 하기 싫은 것을 억지로 권하다.

읽기 Reading

[1~2] 다음 글을 읽고 질문에 답하세요.

"알파벳을 이어 가기 위한 기성세대의 집착 같아요." 국내의 한 유명 래퍼가 X 세대, Y 세대, MZ 세대 등 출생 연도로 세대를 구분 짓는 세대론 현상에 대해 쓴소리*를 했다. (㉠) 'MZ 감성, MZ 세대 취향 저격' 등 새로운 소비의 주역으로 떠오르는 MZ 세대와 관련된 키워드는 연일* 광고와 언론을 도배하고 있으며 기업, 정치권, 교육계를 비롯한 사회 전 분야에서 MZ 세대를 연구하고 공략하고* 있다. (㉡) 이들이 이토록 MZ 세대를 파악하려는 이유가 세대 공감을 위한 것인지 다름에 대한 경계 때문인지는 확실하지 않다.

그러나 분명한 점은 이런 세대 구분이 실제 사회상을 반영하지 못한다는 것이다. 디지털 환경에 대한 거부감 없이 디지털 기술을 활용한 취미를 갖는 70대도 있고, 트로트를 즐겨 부르는 10대도 있다. X 세대라고 해서 모두 과소비를 하는 것은 아니듯이 MZ 세대라고 해서 모두 개인주의적 성향을 가진 것도 아니다. 즉, 같은 세대 안에도 다양한 가치관과 취향이 존재한다. (㉢) 단순히 나이에 따라 개인의 성향을 규정짓는 세대론은 고정 관념을 강화하고 세대 갈등을 조장할 뿐이다. (㉣) 세대나 연령으로 서로를 구분하고 경계하기보다는 각자의 다름을 인정하고 배려하는 것이 성숙한 사회 공동체를 위한 밑거름이 될 것이다.

1. 글쓴이의 중심 생각으로 알맞은 것을 고르세요.

① 세대를 구분하지 말고 서로의 다름을 인정해야 한다.
② MZ 세대의 특성을 연구해야 세대 갈등을 줄일 수 있다.
③ 실제 사회상을 반영하기 위해 세대 구분을 활용해야 한다.
④ 소비 시장을 공략하기 위해서는 MZ 세대를 파악하는 것이 좋다.

2. 이 글에서 보기 의 글이 들어가기에 가장 알맞은 곳을 고르세요.

> 보기 이러한 세대론은 특히 MZ 세대에 집중된다.

① ㉠   ② ㉡   ③ ㉢   ④ ㉣

  쓴소리: 듣기에는 거슬리나 도움이 되는 말.   **연일**: 여러 날을 계속하여.
공략하다: 적극적인 자세로 나서 어떤 영역 등을 차지하거나 어떤 사람 등을 자기편으로 만들다.

[3~5] 다음 글을 읽고 질문에 답하세요.

이철호 씨는 노르웨이의 대표적인 라면 회사 '미스터리(Mr. Lee)'의 창업주*이다. 그를 아는 한국인은 많지 않지만 먼 나라 노르웨이에서는 교과서에 실릴 정도로 유명하다. 1937년 천안에서 태어난 이철호 씨는 한국 전쟁 시기에 폭격으로 인해 다리를 크게 다쳤다. 그를 안쓰럽게 여긴 한 노르웨이 의사의 도움으로 1954년 홀로 낯선 땅 노르웨이로 건너갔다. 노르웨이에서 40여 차례 수술을 받았지만 안타깝게도 다리가 완치되지 않아 장애를 갖게 되었다. 그럼에도 불구하고 이철호 씨는 낙담하지* 않고 즐거운 마음으로 모든 일에 최선을 다했다. 그러던 중 접시 닦이*로 일하던 식당에서 주방장*의 눈에 띄어 요리 학교에 다닐 수 있게 되었다. 그는 각고의 노력을 기울인 끝에 요리 학교를 최우수 성적으로 졸업했고 이후 호텔 주방장, 제빵 회사 관리자로 승승장구했다.

그러던 그의 인생에 또 한 번 시련이 찾아왔다. 아내가 암으로 세상을 떠나고 다니던 회사마저 그만두게 된 것이다. 그러나 그는 그대로 주저앉지 않고 라면 사업이라는 새로운 목표를 세웠다. 그의 나이 쉰둘에 시작한 라면 사업은 (   ). 물론 라면 사업이 처음부터 성공한 것은 아니었다. 하지만 그는 "끝까지 포기하지 말자."라는 좌우명대로 노르웨이인의 입맛에 맞는 라면을 개발하기 위해 혼신의 힘을 다했다. 결국 그가 개발한 라면은 노르웨이 시장에서 큰 성공을 거두게 되었다. 수많은 역경 속에서도 긍정적인 마음과 불굴의 의지로 도전을 멈추지 않았던 이철호 씨는 많은 이들에게 희망이 되고 있다.

3. 이 글을 쓴 목적으로 알맞은 것을 고르세요.
   ① 이철호 씨의 삶을 소개하기 위해
   ② 이철호 씨의 라면 사업을 홍보하기 위해
   ③ 이철호 씨가 사업에서 성공한 비결을 분석하기 위해
   ④ 이철호 씨가 교과서에 실렸다는 소식을 보도하기 위해

4. (   )에 들어갈 내용으로 알맞은 것을 고르세요.
   ① 많은 논란이 되었다   ② 시작부터 관심을 끌었다
   ③ 결국 실패로 끝나고 말았다   ④ 그의 인생에 전환점이 되었다

5. 이철호 씨에 대한 내용으로 알맞은 것을 고르세요.
   ① 한국 전쟁 당시 부상을 입었다.   ② 어려서부터 요리사가 꿈이었다.
   ③ 수술을 받고 다리가 완전히 회복되었다.   ④ 라면 사업 시작 전까지 실패를 거듭했다.

창업주: 회사를 처음으로 세워 사업을 시작하는 데에 주체가 되는 사람.
낙담하다: 바라던 일이 뜻대로 되지 않아 마음이 몹시 상하다.
접시 닦이: 음식을 먹은 뒤의 접시 등을 씻어 정리하는 일을 직업으로 하는 사람.
주방장: 식당 등에서 요리를 하는 사람 중에서 지위가 제일 높은 사람.

쓰기 Writing

✏️ **다음 주제로 글을 쓰세요. (600~700자)**

세대 갈등의 원인과 문제점을 분석하고, 그에 대한 구체적인 해결 방안을 제시하는 글을 써 보세요.

말하기 과제 / Speaking Task

✏️ **시민 단체를 설립하고 소개해 봅시다.**

준비하기 3~4명이 한 조가 됩니다. 여러분이 설립하고 싶은 시민 단체의 분야를 정해 보세요.

환경   동물 복지   인권   소비자   ?

활동하기

1. 여러분이 설립하고자 하는 시민 단체에 대한 구체적인 계획을 세워 보세요.

단체명	
활동 분야	
활동 목표	
활동 내용	
?	

2. 그 시민 단체를 어떻게 홍보할지 생각해 보세요.

홍보 매체	
홍보 전략	

보기

[발표하기] 앞에서 계획한 시민 단체를 다른 친구들에게 홍보해 보세요.

[평가하기] 여러분은 어느 단체에 가입하고 싶습니까? 가입하고 싶은 단체에 궁금한 사항을 문의해 보세요.

11 문학과 인생

11-1 마음을 나누는 시

11-2 소설 속의 인생

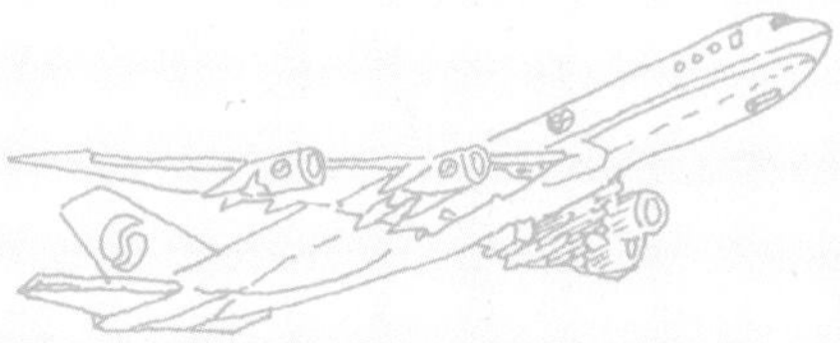

	어휘	시의 특징, 시의 창작과 감상
11-1	문법과 표현	동형-을 성싶다 동-노라면
11-2	어휘	감정과 행동, 사춘기의 특징
	문법과 표현	동-는 둥 마는 둥 하다 명이고 명이고 (간에)

어휘 Vocabulary

1. 알맞은 말을 골라 문장을 완성해 보세요.

> 구체화하다 상징적 의미를 갖다 시를 낭송하다
> 운율을 형성하다 이미지가 연상되다 작품을 감상하다

1) 이 그림은 작가가 고향에 대한 그리움을 ⟨구체화하여⟩ 만든 작품이다.

2) 윤동주의 시 〈별 헤는 밤〉에서는 "쉬이 아침이 오는 까닭이요, 내일 밤이 남은 까닭이요."처럼 반복되는 구절을 사용하여 _____.

3) LEI 문화 재단은 시민들이 일상생활 속에서도 예술 _____ 수 있도록 '찾아가는 미술관' 행사를 진행하고 있다.

4) 지하철 5호선에는 강동구의 역사성과 상징성에 맞게 백제 시대의 전통적 _____ 디자인을 적용한 역이 있다.

5) _____ 때는 알맞은 목소리와 정확한 발음으로 읊어야 할 뿐 아니라 시어의 의미를 이해하고 그 느낌을 잘 살릴 수 있어야 한다.

6) 소나무*는 겨울에도 잎이 시들지 않기 때문에 어려움에 처해도 곁을 떠나지 않고 남아 있는 친구, 즉 '변함 없는 우정'이라는 _____.

소나무

소나무: 잎이 바늘처럼 길고 뾰족하며 항상 푸른 나무.

2. 알맞은 말을 골라 인터뷰를 완성해 보세요.

> 마음에 와닿다　　　비유적으로 표현하다　　　(영감을 받다)

사회자: 선생님, 안녕하세요? 최근 발표하신 시 〈겨울을 기다리며〉가 독자들에게 많은 사랑을 받고 있는데요, 이 시를 쓰시게 된 계기가 무엇인지요?
시　인: 저는 집에서 식물을 기르고 있는데요. 몇 년 동안 꽃을 피우지 않던 화초가 이번 겨울에 찬 바람을 맞더니 꽃을 피우는 모습에서 1) 영감을 받아 시를 썼습니다.
사회자: 저는 개인적으로 "찬 바람을 두려워하지 않는 그 모습이 아름답구나"라는 부분이 가장 2) _____. 그 구절은 어떤 뜻으로 쓰셨습니까?
시　인: 인생의 고난, 시련을 이겨 내는 모습을 3) _____ 것입니다.

3. 알맞은 말을 골라 글을 완성해 보세요.

> 시어　　　(심상)　　　연　　　행

시란 무엇인가?

'시'란 생각이나 느낌, 정서를 가락*이 있는 언어로 짧게 표현한 문학이다. 시의 3요소로는 말의 리듬인 '운율', 마음속에 그려지는 이미지인 '1) 심상 ', 중심 생각인 '주제'가 있다. 시에 쓰인 말, 즉 2) _____ 들이 모여 이루어진 한 줄을 3) _____(이)라고 하며, 이들이 모여 이루어진 한 덩이*를 4) _____(이)라고 한다.

 　가락: 소리의 높낮이가 길이나 리듬과 어울려 나타나는 음의 흐름.　　**덩이**: 작게 뭉쳐서 이루어진 것.

문법과 표현 1 동/형 -을 성싶다

1. 다음과 같이 대화를 완성해 보세요.

1) 가: 민영 씨가 부산에 도착했을까요?
   나: 아침에 비행기를 탔으니까 지금쯤 <u>도착했을 성싶습니다</u>.
   (도착했다)

2) 가: 이번 경기의 결과를 어떻게 예상하십니까?
   나: 손민아 선수의 부상으로 우승을 기대하기는 _____.
   (힘들다)

3) 가: 선생님, 다음 주부터는 운동을 시작해도 괜찮습니까?
   나: 아직 완전히 회복되지 않았으니 무리하지 않는 게 _____.
   (좋다)

4) 가: 이지훈 리포터, 현지의 날씨 상황은 어떻습니까?
   나: 오늘은 구름이 잔뜩 낀 걸 보니 금방이라도 소나기가 _____.
   (쏟아지다)

5) 가: 김 대리가 박 과장님이랑 사이가 매우 나빠져서 결국 퇴사했대요.
   나: 김 대리랑 박 과장님은 서로 물과 기름* 같아서 언젠가 _____.
   (문제가 일어나다)

6) 가: 정부의 세금 인상 발표에 시민들이 거세게 반발하고 있습니다.
   나: 세금 인상이 반갑지 않은 것은 이해하지만, 사회적 약자를 위한 복지 예산이 부족한 상황에서 무조건 반대할 일은 _____.
   (아니다)

물과 기름: 서로 어울리지 못하는 사이.

2. 알맞은 말을 골라 대화를 완성해 보세요.

> (괜찮다) 긍정적인 반응을 얻다 비용이 많이 들다 큰 효과가 없다

부　장: 지금부터 회의를 시작하겠습니다. 이번에 우리가 만든 신제품을 홍보해야 하는데 좋은 방법이 있으면 자유롭게 이야기해 주시기 바랍니다.

직원 1: 저는 연예인을 모델로 삼아 광고를 만드는 것이 1) __괜찮을 성싶습니다__. 특히 우리 제품이 젊은 층을 겨냥하고* 있는 만큼 젊은 사람들이 좋아하는 아이돌을 모델로 쓰면 어떨까요?

직원 2: 물론 유명한 연예인을 모델로 삼으면 홍보 효과는 크겠지만 2) _____. 홍보 비용이 많이 들면 매출이 늘더라도 실제 이익은 많이 남지 않을 것입니다.

직원 3: 요즘 많이 사용하는 마케팅 전략인 코즈 마케팅은 어떨까요? 착한 소비를 실천하는 젊은이들에게 3) _____.

직원 4: 하지만 착한 소비에 관심이 있는 젊은이들은 일부이기 때문에 4) _____. 젊은 층의 지갑을 열기 위해서는 재미있는 캐릭터를 만들어 동영상 재생 사이트에 광고하는 것이 제일 좋다고 생각합니다.

3. 위 문법을 사용하여 다음 질문에 대한 여러분의 의견과 그 이유를 이야기해 보세요.

- 한국어 실력을 빠르게 향상하고 싶습니다. 어떤 방법이 좋을까요?
- 한국을 세계에 알릴 홍보 대사를 뽑으려고 합니다. 누가 좋을까요?
- 한국인 하면 떠오르는 키워드를 정하려고 합니다. 무엇이 좋을까요?

> 한국어 실력을 빠르게 향상하려면 한국 드라마를 많이 보는 것이 도움이 될 성싶어요. 드라마를 보다 보면 학교에서 배운 문법을 한국 사람들이 어떤 상황에서 많이 쓰는지 알 수 있더라고요.

겨냥하다: 말이나 행위, 전략의 대상으로 삼다.

문법과 표현 ❷ 동-노라면

1. 다음과 같이 대화를 완성해 보세요.

   1) 가: 아버지, 왜 창문을 열어 놓으셨어요?
      나: 이렇게 빗소리를 <u>듣고 있노라면 마음이 편안해지는</u> 느낌이 들어서.
      　　　　　　　　　(듣고 있다, 마음이 편안해지다)

   2) 가: 선생님, 제가 정말 배우로서 성공할 수 있을까요?
      나: 그럼요. 포기하지 않고 _____ 거예요.
      　　　　　　　　　　(꾸준히 하다, 언젠가 사람들이 알아주다)

   3) 가: 할머니, 매일 그 책을 읽으시네요.
      나: 이건 네 할아버지가 좋아하시던 책이야. _____
      　　　　　　　　　　　　　　　　　　(이 책을 읽고 있다, 할아버지가 옆에 있다)
      _____ 것 같은 느낌이 들어.

   4) 가: 할아버지는 고향을 떠난 지 40년이 되셨는데, 고향이 그립지 않으세요?
      나: 늘 그립지. _____.
      　　　　　　　(고향 사진을 보고 있다, 어릴 적 일들이 생생하게 떠오르다)

   5) 가: 요즘 청소년들의 무분별한 신조어 사용이 심각하다고 합니다.
      나: 그렇습니다. 특히 줄임말 등이 남용되는* _____
      　　　　　　　　　　　　　　　　　　　　(현실을 보고 있다, 안타깝기 이를 데 없다)
      _____.

남용되다: 일정한 기준이나 정도를 넘어서 함부로 사용되다.

2. 다음과 같이 시를 완성해 보세요.

산

눈 들어 1) <u>보노라면</u>
눈에 푸르름이 들어와 반기는 이곳

귀 기울여 2) _____
귀에 새의 지저귐이 날아와 간지럽히는 이곳

꽃 속에 코를 묻고 향기를 3) _____
코끝에 향긋함*이 찾아와 쓰다듬는* 이곳

한 발 한 발 4) _____
뺨에 바람이 불어와 어루만지는 이곳, 산.

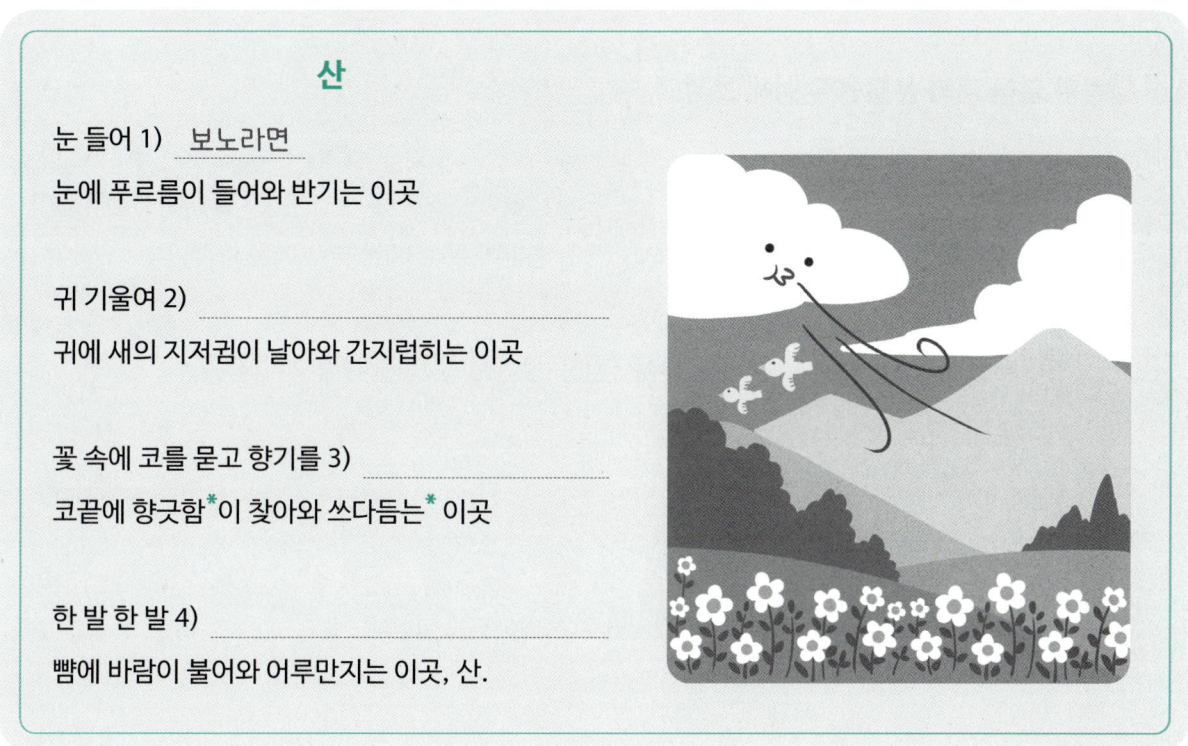

3. 위 문법을 사용하여 어떤 것을 보거나 듣고 있으면 떠오르는 추억을 이야기해 보세요.

> 저는 바다를 보고 있노라면 어릴 때 잠시 살았던 작은 마을이 생각나요. 2층 제 방 창문으로 파란 바다가 보였거든요. 친구들과 함께 바닷가에서 뛰놀던 기억도 희미하게 떠올라요. 기회가 된다면 다시 그 시절처럼 친구들과 바닷가를 뛰어 보고 싶어요.

향긋하다: 은근히 향기로운 느낌이 있다.   **쓰다듬다**: 손으로 살살 쓸어 어루만지다.

어휘 Vocabulary

1. 알맞은 말을 골라 문장을 완성해 보세요.

> 좌절하다　　가슴이 아리다　　답답함을 느끼다　　불길한 예감이 들다
> ⓞ잠을 설치다　　허탈감에 빠지다　　희망이 무너지다

1) 장마가 끝나고 열대야가 지속되면서 밤에 <u>잠을 설치는</u> 사람들이 적지 않다.

2) 3년째 병원에 누워 있는 친구의 모습을 보면 _____ 눈시울이 뜨거워진다.

3) 월급도 많고 안정적인 직장에 다니고 있지만 매일 반복되는 일상에 _____.

4) 할머니가 계속 전화를 안 받으셔서 할머니 댁에 갔는데 집 앞에 모여 있는 사람들과 구급차를 보니 왠지 _____.

5) 정말 마지막이라고 생각하고 본 시험이었는데, 불합격 통보를 받으니 그동안 붙들고 있던 기대와 _____ 버렸다.

6) 목이 터져라 응원했는데* 우리 팀이 역전패*를 당하고 말았다. 나와 함께 응원하던 친구들은 모두 _____ 한동안 자리를 떠나지 못했다.

7) 라면왕 이철호가 라면 사업을 처음 시작했을 때 아무도 그의 라면을 맛보려고 하지 않았다. 그러나 그는 _____ 않고 라면 사업을 계속 이어 나갔다.

목이 터져라 응원하다: 매우 큰 소리로 응원하다.　　**역전패**: 경기에서 계속 이기고 있다가 상황이 뒤바뀌어 짐.

2. 밑줄 친 부분과 의미가 같은 말을 골라 알맞게 써 보세요.

> 가출하다   반항하다   성장하다   꿈이 깨지다

어릴 때부터 내 꿈은 손홍수 선수처럼 멋진 축구 선수가 되는 것이었다. 그러나 부모님은 내가 축구 선수가 되는 것을 반대하셨다. 나는 내 꿈을 이해해 주지 못하는 부모님께 1) 맞서 대들었다. ➡ 반항했다   며칠씩 밥을 안 먹기도 하고 무작정 2) 집을 나가서 ➡ _____ 친구 집에 머무르기도 했다.

결국 나는 부모님의 뜻을 꺾고 축구 선수가 돼서 열심히 꿈을 향해 달려갔다. 그러던 어느 날, 경기 출전을 앞두고 발목에 부상을 입었다. 이번 시즌에서 꼭 우승하리라는 내 3) 바람이 무너지고 말았다. ➡ _____

그러나 여기에서 포기할 수 없다는 생각에 열심히 재활하여 부상을 이겨 냈다. 다시 경기에서 뛰는 내 모습에 한 단계 더 4) 자랐다는 뿌듯함을 느낀다. ➡ _____

3. 알맞은 말을 골라 글을 완성해 보세요.

> 방황하다   성숙해지다   감수성이 예민하다   신체적 변화를 겪다

LET가족상담센터 칼럼

사춘기 자녀와의 건강한 소통

흔히 사춘기는 '질풍노도의 시기'라고 불리는데 이는 사춘기 때 보이는 몸과 마음의 변화를 질풍노도, 즉 사납게* 부는 바람과 거세게 움직이는 물결에 비유한 표현이다. 이처럼 이 시기에는 호르몬의 분비*가 많아지면서 다양한 1) 신체적 변화를 겪게 된다. 또한 2) _____ 쉽게 슬퍼하거나 흥분하기도 한다. 질풍노도의 시기를 겪으면서 나면 한 단계 3) _____ 청소년들도 있지만, 학업이나 대인 관계에 대한 고민이 깊어지면서 목표를 정하지 못하고 4) _____ 우울증을 겪는 경우도 있다. 이때 부모가 억지로 대화를 시도하거나 강압적*으로 통제하려고 하면 자녀와의 갈등이 더 깊어질 수 있다. 자녀를 하나의 인격체*로 인식하고, 때로는 친구처럼 때로는 인생 선배처럼 다가서려는 노력이 필요하다.

사납다: 성질이나 행동이 거칠다.
강압적: 힘이나 권력을 이용해 강제로 억누르는 (것).
분비: 세포의 작용으로 만들어진 액체를 세포 밖으로 내보내는 일.
인격체: 사람으로서의 자격을 갖춘 독립적인 존재.

문법과 표현 ③ 동-는 둥 마는 둥 하다

1. 다음과 같이 대화를 완성해 보세요.

1) 가: 사장님이 왜 이렇게 최 대리한테 화를 내셨어요? 최 대리가 무슨 잘못 했대요?
   나: 집에 무슨 일이 있는지 종일 일을 <u>하는 둥 마는 둥 했대요</u>.

2) 가: 어제 본 영화 재미있었어?
   나: 영화 보기 직전에 배탈이 나서 화장실에 왔다 갔다 하느라 영화를 ＿＿＿＿＿＿＿＿＿＿ 무슨 내용인지 기억이 안 나.

3) 가: 교수님이 읽으라는 논문 다 읽었어?
   나: 아니. 너무 어렵고 재미없어서 ＿＿＿＿＿＿＿＿＿＿ 중이야.

4) 가: 사장님 어디 가셨어요?
   나: 글쎄요. 바쁜 일이 있으신지 아까 제 인사를 ＿＿＿＿＿＿＿＿＿＿ 급히 나가시더라고요.

5) 가: 피곤해 보이네요. 잘 못 잤어요?
   나: 네. 고민이 좀 있어서 ＿＿＿＿＿＿＿＿＿＿.

6) 가: 박 선생님, 기분이 안 좋아 보이시네요. 수업 시간에 무슨 일 있었나요?
   나: 학생들이 피곤한지 수업을 ＿＿＿＿＿＿＿＿＿＿.

2. 다음과 같이 일기를 완성해 보세요.

11월 11일   날씨: 흐림

어제는 정말 정신없는 하루였다. 아침에 늦게 일어나서 옷을 1) 입는 둥 마는 둥 하고 회사로 달려갔다. 그런데도 회사에 20분이나 지각했다. 팀장님께 크게 혼나서 우울해졌다. 기분이 안 좋으니까 일도 손에 안 잡혀서 일을 2) _____.
그랬더니 일을 제대로 안 한다고 또 잔소리를 들었다.

저녁에는 친구를 만났는데 친구가 고민 이야기를 하기 시작했다. 하지만 나도 오늘 좋지 않은 하루를 보내서 우울했기에 친구의 이야기를 3) _____. 그러자 친구가 자기 이야기를 제대로 듣지 않는다고 화를 내면서 집으로 돌아가 버렸다. 결국 하루를 망친 채로 집에 돌아온 나는 4) _____ 침대에 누워 버렸다.

3. 위 문법을 사용하여 어떤 행동을 제대로 하지 않았던 경험을 이야기해 보세요.

어제 잠깐 딴생각을 하느라 사장님의 말씀을 듣는 둥 마는 둥 하고 있었어요. 그런데 갑자기 사장님이 저한테 "동의하지?"라고 물어보시는 거예요. 얼떨결*에 "네."라고 대답했어요. 그런데 알고 보니 제가 6개월 동안 미국 출장을 가는 데에 동의한 거였어요. 갑자기 장기 출장을 가게 되어 당황스러워요. 앞으로는 사장님 말씀을 대충 듣지 말아야겠어요.

얼떨결: 어떤 일이 뜻밖이거나 복잡해서 정신을 제대로 차리지 못한 사이.

문법과 표현 4 : 명이고 명이고 (간에)

1. 다음과 같이 대화를 완성해 보세요.

1) 가: 이번 토크 쇼가 세대를 불문하고 큰 호응을 얻고 있습니다.
   나: <u>청년 세대고 기성세대고 간에</u> 모두 공감할 수 있는 주제여서 그런 것 같습니다.
   (청년 세대, 기성세대)

2) 가: 요즘 물가가 너무 올랐지요? 시장에 가면 뭘 사기가 겁나요.
   나: 그러게 말이에요. _____ 다 비싸서 마음 편히 장바구니에 담을 수가 없어요.
   (야채, 고기)

3) 가: 선생님, 저희 아이는 말하기, 쓰기 중에 어떤 것을 더 집중적으로 공부해야 할까요?
   나: _____ 모두 뛰어나요. 지금 이대로만 하면 됩니다.
   (말하기, 쓰기)

4) 가: 이번에 J 편의점에서 출시한 도시락이 날개 돋친 듯 팔린다고 해요.
   나: 저도 먹어 봤어요. _____ 모두 좋아할 만한 메뉴로 구성했더라고요.
   (어른, 아이)

5) 가: 이번 여행은 어디로 가는 게 좋을까요?
   나: 해외라면 _____ 다 좋으니 얼른 비행기표부터 삽시다.
   (어디)

6) 가: 입사하게 되면 특별히 어떤 업무를 하고 싶습니까?
   나: _____ 맡겨만 주시면 최선을 다하겠습니다.
   (어떤 업무)

2. 알맞은 말을 골라 글을 완성해 보세요.

> 무엇   어디   (언제)   무슨 일

나는 이 작은 마을이 싫다. '꽃치'처럼 자유롭게 살고 싶다. 지금은 이렇게 마을에 묶여 있지만, 학교만 졸업하면 1) <u>언제고</u> 이 마을을 떠날 것이다. 그리고 꼭 서울에 가고야 말겠다.

지난번에 목포로 나갔을 때는 고생을 많이 했다. 그래서 이번에는 좀 더 확실한 계획을 세웠다. 바로 일을 하는 것이다. 돈을 벌 수 있다면 2) _____ 할 것이다. 그렇게 돈을 모아서 신기한 물건은 3) _____ 다 사서 목포로 돌아가 다시 팔 것이다. 그러면 부자가 돼서 더 자유롭게 전국 4) _____ 다닐 수 있지 않을까. 넓은 세계야, 기다려라. 나 훈필이가 간다!

3. 위 문법을 사용하여 종류를 가리지 않고 좋아하는 것에 대해 이야기해 보세요.

> 저는 느린 곡이고 빠른 곡이고 간에 케이 팝은 다 좋아해요. 한국 노래를 들으면 한국 사람들의 열정이 느껴지면서 저도 힘이 나거든요.

12 인간과 사회

12-1 더불어 사는 사회

12-2 개인과 사회

	어휘	차별의 종류, 성차별
12-1	문법과 표현	동형-을 법하다
		동형-건만, 명이건만
12-2	어휘	사회화, 나 홀로 문화
	문법과 표현	명으로 말미암아
		동형-지, 명이지

어휘 Vocabulary

1. 관계있는 것끼리 연결하고 문장을 완성해 보세요.

다문화 가정 차별	몸이나 정신에 장애가 있다는 이유로 다르게 대우함
성 소수자 차별	부부의 국적 혹은 가정의 배경 문화가 다르다는 이유로 다르게 대우함
외모 차별	사람의 겉모습에 따라 다르게 대우함
인종 차별	인종이나 피부색을 이유로 다르게 대우함
장애인 차별	성에 대한 개념이 다수의 사람과 다르다는 이유로 다르게 대우함
지역 차별	태어난 곳이나 사는 곳에 따라 사람을 다르게 대우함

1) 국가인권위원장은 성 정체성*, 성적 지향*이 다르다는 이유로 배척하는 <u>성 소수자 차별</u>을 해소하기 위해 모두가 노력해야 한다고 말했다.

2) 우리 사회에는 몸이나 정신이 불편하다는 이유로 사회적 참여 등에 제한을 두는 _____ 이 여전히 존재한다.

3) 머리숱이 많지 않다는 이유로 채용을 거부한 것은 _____ 사례에 해당한다.

4) 크레파스의 특정 색을 '살색'이라고 이름 붙인 것은 피부색이 다른 사람들에 대한 _____ 을 조장할 수 있으므로 이제는 '살색'을 '살구색'으로 바꿔 부른다.

5) 'A 지역 사람은 성격이 급하고 B 지역 사람은 늘 잘난 척을 해' 등의 고정 관념은 _____ 을 불러올 수 있다.

6) 다문화 교육의 목표는 _____ 을 막고 다양한 문화적 배경을 가진 학생들이 서로 열린 마음을 가지고 교류하는 태도를 지니도록 하는 것이다.

성 정체성: 자신의 성에 대한 자각이나 인식.   **성적 지향**: 개인적 성적 끌림이 향하는 방향성.

2. 알맞은 말을 골라 글을 완성해 보세요.

   가부장제   남아 선호 사상   여성 할당제   유리 천장   가사를 분담하다   형평에 어긋나다

   얼마 전 〈82년생 김지영〉이라는 영화를 봤다. 이 영화에 나온 다양한 상황들이 한국 여성이라면 한 번쯤 겪어 봤을 법한 이야기라고 해서 놀랐다. 한국에 여전히 성차별이 남아 있는 이유는 유교 사상의 영향 때문인 것 같다. 유교에서는 남녀의 구별과 차이를 강조했으며 집안의 대를 잇기* 위해 아들을 선호하는 1) 남아 선호 사상 이 강했다. 또한, 가장인 남성이 집안 문제에 대한 결정권을 가지고 가족 구성원을 지배하는 2) _____ 역시 유교 문화의 모습 중 하나이다. 현재는 유교 문화의 영향이 많이 사라졌다는 의견도 있지만, 아직도 한국 사회 곳곳에서 그 흔적을 찾아볼 수 있다. 맞벌이 가정에서 3) _____ 것은 당연한 일임에도 불구하고 여전히 남성의 가사 노동 참여율이 여성에 비해 낮다는 조사 결과도 있다. 한국 정부는 여성에게 일정 비율 이상의 자리를 주어야 하는 4) _____ 을/를 실시하고 있지만, 회사의 임원이나 고위직* 공무원 중 여성의 수가 여전히 적은 것으로 볼 때 직장에서의 보이지 않는 5) _____ 도 존재한다고 할 수 있다. 유교 문화가 한국 사회에 끼친 영향 중에는 예의를 중시하고 어른을 공경하는 등의 긍정적인 측면이 있는 것도 사실이다. 그러나 시대에 맞지 않는 사상 탓에 6) _____ 일이 일어나고 있지는 않은지 다시 살펴볼 필요가 있을 것이다.

3. 알맞은 말을 골라 대화를 완성해 보세요.

   역차별   군 가산점   성 인지 감수성   임금 격차

   1) 가: 걔는 남자아이가 뭐 그런 일로 운대?
      나: 할머니, 그런 표현은 성차별적인 표현이에요. 남자도 슬프면 울 수 있죠. 요즘은 성 인지 감수성 이 높아져서 여자니까 어떻고 남자니까 어떻다는 표현만으로도 불편해하는 사람이 많아요.

   2) 가: 어제 뉴스에서 남성과 여성의 _____ 이/가 아직도 존재한다는 조사 결과 봤어?
      나: 응, 봤어. 동일한 일을 하고도 여성이 더 적은 연봉을 받는 건 정말 불공평한 일이지.

   3) 가: 경찰 공무원 채용 시 여성을 일정 비율 이상 뽑기 위해 남성과 다른 체력 기준을 적용하는 것은 남성에 대한 _____ 아닌가요?
      나: 남성과 여성은 신체적으로 차이가 있으니까 저는 차별이라고 생각하지 않아요.

   4) 가: 한국에서 병역*의 의무를 다한 사람한테 주는 혜택은 없나요?
      나: 예전에는 _____ 제도가 있었는데 여성과 장애인, 군대에 가지 않은 사람들의 평등권을 침해한다는 이유로 지금은 폐지되었어요.

   대를 잇다: 자식(특히 아들)을 낳아 집안을 이어 가다.   **고위직**: 높은 지위의 관직.
   병역: 일정 기간 군대에서 일해야 하는 국민의 의무.

문법과 표현 1 동/형 -을 법하다

1. 신문 기사의 제목을 보고 다음과 같이 댓글을 완성해 보세요.

1) **고래가 삼킨 남성, 기적적으로 살아나**
놀라운 이야기가 알려지자 한 편의 영화 같다는 반응 이어져
💬 댓글 ∧ <u>영화에 나올 법한</u> 이야기인데 실제로 일어나다니 믿어지지 않아요.
(영화에 나오다)

2) **정부, 시민 단체의 반대에도 도시 개발 강행***
환경 단체의 거센 반발 예상
💬 댓글 ∧ 시민들이 이렇게 반대하면 _____ 결국 강행하는군요.
(중단하다)

3) **한국대학교 최고령 학생 80세 김노원 씨, 9년 만에 졸업장 받아**
재학 기간 중 세 차례 수술에도 포기하지 않아
💬 댓글 ∧ 수술까지 받았다면 _____ 정말 대단하시네요.
(포기하다)

4) **할머니와 7세 아이가 끄는 손수레에 긁힌 고급 승용차 주인**
골목에 주차해 불편을 끼쳤다며 오히려 사과
💬 댓글 ∧ _____ 수리비도 받지 않고 오히려 사과하다니 인성이
(화를 내다)
참 좋으신 분이네요.

5) **공정 무역의 성장, 그 중심에는 엠제트(MZ) 세대가 있다**
젊은 소비층, 가치 있는 소비라면 비싸도 지갑 열어
💬 댓글 ∧ 물건값이 비싸면 _____ 요즘 젊은 세대는 소비할 때
(망설이다)
확실히 가격보다 가치에 중점을 두는 것 같네요.

 강행: 어려운 점을 무릅쓰고 행함.

2. 다음과 같이 대화를 완성해 보세요.

1) 가: 지난 주말에 첫 방송을 한 〈연애 일기〉에 대해 시청자들의 관심이 뜨겁습니다. 이 프로그램은 어떤 내용을 다루고 있습니까?
   나: 연애하면서 누구나 <u>경험할 법한</u> 소재를 묶어서 만든 프로그램이에요.

2) 가: 오늘 급식 메뉴는 인기가 없네요.
   나: 맵지도 않고 고소해서 아이들이 _____ 뭐가 문제일까요?

3) 가: 지나 씨는 다섯 살 때 이민 갔다고 하던데 한국말을 참 잘하네요.
   나: 그러게요. 그렇게 어린 나이에 한국을 떠났으면 모국어를 다 _____.

4) 가: 와, 맛있겠네. 어머니께서 도시락 싸는 것 귀찮지 않으시대?
   나: 응. _____ 아침마다 정성스럽게 준비해 주셔.

5) 가: 올해 판매 실적이 좋으니까 월급도 오르겠죠?
   나: 그러게요. 회사 상황이 좋아져서 _____ 아무 소식이 없네요.

6) 가: M시에서 큰 화재가 발생했다는 소식 들으셨어요?
   나: 네. 재난 영화에서나 _____ 처참한* 광경이 일주일째 이어지고 있대요.

3. 위 문법을 사용하여 여러분이 공감했던 책이나 영화를 소개해 보세요.

얼마 전 강영우 박사의 전기를 읽었는데요, 강영우 박사는 영화에나 나올 법한 파란만장한* 삶을 살았어요. 수많은 시련과 역경에 꿈이고 뭐고 다 포기할 법도 한데 끝까지 희망을 버리지 않았던 삶의 모습에서 깊은 감명을 받았어요.

처참하다: 매우 슬프고 끔찍하다.　　**파란만장하다**: 사람의 생활이나 일의 진행이 여러 가지 시련이 많고 변화가 심하다.

문법과 표현 ② 동형-건만, 명이건만

1. 다음과 같이 대화를 완성해 보세요.

    1) 가: 루나 씨, 매일 도서관에서 살다시피 하던데 성적이 많이 올랐겠어요.
       나: 아니요. 열심히 <u>노력했건만</u> 성적은 여전히 제자리걸음이네요.
       (노력했다)

    2) 가: 며칠 후면 9월이 되는데 여전히 더위가 기승을 부리고* 있어서 걱정이에요.
       나: 맞아요. 지금쯤이면 아침저녁 바람이 _____ 폭염으로 그럴 기미*가 안 보이네요.
       (서늘해야 하다)

    3) 가: 가수 나승환 콘서트에 다녀왔다면서요? 어땠어요?
       나: 정말 대단했어요. 다섯 시간이 넘는 공연에 _____ 공연 내내 열정으로 노래하는
       (지칠 법하다)
       모습에 감동했어요.

    4) 가: 영화나 드라마를 보면 아직도 성별에 따른 고정 관념이나 성차별적 요소가 존재하는 것 같아요.
       나: 맞아요. 이제는 _____ 여전히 사회 곳곳에 남아 있어요.
       (사라질 법하다)

    5) 가: 이번 결승전에서 LEI 팀이 우승했어요?
       나: 아니요. 목이 터져라 _____ 결국 1점 차이로 지고 말았어요.
       (응원했다)

    6) 가: 요즘 취업이 어렵긴 어려운가 봐요.
       나: 맞아요. _____ 이른 아침부터 도서관이 꽉 찼네요.
       (방학 중이다)

기승을 부리다: 기운이나 힘이 세서 좀처럼 약해지지 않다.
기미: 어떤 일이 되어 가는 상황이나 상태를 짐작할 수 있는 분위기.

2. 신문 기사의 제목을 보고 내용을 친구에게 전달해 보세요.

1) **L티 신문**

**매년 수십조 원 쏟아붓고*도
출산율은 제자리걸음**

작년 합계 출산율 0.7명
OECD 국가 중 출산율 꼴찌

출산율을 높이기 위해 매년 수십조 원을 썼건만 작년 합계 출산율이 0.7명으로 OECD 국가 중 꼴찌라고 해요.

2) **L티 신문**

**청년 실업률 5년 만에 감소세라지만
양질의 일자리는 줄어**

더 나은 일자리를 구하기 위해
평균 구직* 기간은 오히려 늘어나는 추세

3) **L티 신문**

**국민들의 지속적인 반대에도
공사 추진 강행**

시민 단체는 환경 오염 우려
정부는 문제없다는 입장

4) **L티 신문**

**최은주 선수, 상처 아물기* 전
불굴의 의지로 경기에 출전**

메달권*에서 멀어졌지만 끝까지 달려
시청자들 감동의 눈물

5) **L티 신문**

**금리 인하에도
부동산 시장 여전히 불황**

소비자 물가 상승으로
저축액 감소한 탓

3. 위 문법을 사용하여 기대한 일이 뜻대로 되지 않아 실망한 경험을 이야기해 보세요.

작년에 H 전자의 채용 면접을 봤어요. 밤잠도 설쳐 가며 열심히 준비했건만 예상한 질문이 하나도 나오지 않아서 너무 속상했어요.

 쏟아붓다: 열정, 노력, 물자 등을 아낌없이 많이 보내거나 바치다.
아물다: 상처가 나아 원래대로 살이 붙다.
구직: 일자리를 구함.
메달권: 경기에서, 메달을 딸 수 있는 범위.

어휘 Vocabulary

1. 알맞은 말을 골라 문장을 완성해 보세요.

> 감정을 소모하다　　　공동체 의식이 약화되다　　　(사회적 존재로 거듭나다)
> 자아 정체성을 확립하다　　　후천적으로 형성되다

1) 인간은 다른 사람과 더불어 사는 삶을 통해 <u>사회적 존재로 거듭난다</u>.

2) 개개인의 성격은 유전적으로 형성된 부분도 있지만, 환경에 의해 _____ 부분도 있다.

3) 1인 가구가 증가하고 개인을 사회나 국가보다 우선시하는 개인주의가 발달하면서 _____ 있다.

4) 청소년기는 불안과 혼란의 시기라고 할 수 있다. 청소년들은 이 시기를 겪은 후 자신이 누구이며 어디로 향하고 있는지를 인식하면서 _____ 된다.

5) 예전에는 많은 사람을 만나야 다양한 경험도 쌓고 포용력*도 키울 수 있다고 생각했다. 그러나 이제는 나와 성격이 맞지 않는 사람들까지 굳이 만나며 _____ 싶지 않다.

포용력: 남을 너그럽게 감싸 주거나 받아들이는 힘.

2. 알맞은 말을 골라 대화를 완성해 보세요.

> 사회화   나 홀로 문화   (기회를 박탈하다)   사생활을 방해받다

1) 가: 야구 감독에게 밉보여서* 대회에 나가지 못한 고등학교 야구 선수들이 결국 다른 학교로 전학을 가는 사건이 발생했대.
   나: 감독 마음에 들지 않는다고 출전할 __기회를 박탈하는__ 것은 말도 안 된다고 생각해.

2) 가: 요즘 다른 사람과 어울리는 것보다는 혼자만의 생활을 더 좋아하고, 그 속에서 만족감과 행복을 느끼는 사람들이 많아졌대요.
   나: 맞아요. 이런 _____ 가 확산하면서 '혼술족', '혼밥족'도 늘었죠.

3) 가: 엥흐 씨, 전원주택*으로 이사했다고 들었어요. 집이 직장이랑 너무 멀어서 불편하지 않아요?
   나: 출퇴근 시간이 좀 더 걸리기는 해요. 하지만 이웃과의 적당한 거리 덕분에 _____ 않아서 좋아요.

4) 가: 가정과 학교에서의 생활이 아이들의 _____ 에 큰 영향을 미치는 이유는 무엇입니까?
   나: 가정과 학교는 사회에서 요구하는 규범, 가치 등을 자연스럽게 배울 수 있는 환경을 제공하기 때문입니다.

3. 알맞은 말을 골라 글을 완성해 보세요.

> 고립을 심화하다   문화를 공유하다   (인간관계를 형성하다)   정서적 유대를 확립하다

정보 통신 기술이 발달함에 따라 인터넷상에서 새로운 1) __인간관계를 형성할__ 수 있게 되었다. 공통의 관심사를 가진 사람끼리, 비슷한 2) _____ 사람끼리 온라인상에서 새로운 공동체를 만들고 그 안에서 일상을 공유하면서 3) _____ 것이다. 그러나 정보 통신 기술의 발달이 이와 같은 긍정적인 효과만 가져온 것은 아니다. 비슷한 문화나 규범을 가진 사람들끼리만 어울리는 끼리끼리 문화가 심해짐에 따라 나와 다른 집단을 배척하고 혐오하는 현상도 나타난다. 또한 이런 현상은 인간의 4) _____ 문제점이 있다.

밉보이다: 밉게 보이다.   **전원주택**: 시골의 정취를 느낄 수 있게 교외에 지은 주택.

문법과 표현 3 · 명으로 말미암아

1. 관계있는 것끼리 연결하고 문장을 완성해 보세요.

1) 업무상의 스트레스 — 불면증, 우울증을 겪는 직장인이 많아졌다
2) 유가 상승 — 대중교통 회사들이 적자에 시달리고 있다
3) 기후 변화 — 북극곰, 바다사자 등 멸종 위기에 처한 동물이 늘고 있다
4) 경기 침체 — 많은 기업의 매출이 감소했다
5) 저출산 — 생산 가능 인구의 비율이 급속도로 줄고 있다

1) <u>업무상의 스트레스로 말미암아 불면증, 우울증을 겪는 직장인이 많아졌다</u>. 이에 따라 요즘은 신체적 건강만큼 정신적 건강에도 많은 관심이 쏠리고* 있다.

2) _____ .
따라서 정부는 대중교통 요금을 인상하는 방안을 논의 중이다.

3) _____ .
이러한 동물들을 보호하기 위한 행동의 변화가 필요하다.

4) _____ .
이에 따라 일자리를 잃는 사람도 많아지고 있다.

5) _____ .
정부는 이러한 문제를 해결하기 위해 여러 가지 대책을 내놓고 있다.

 쏠리다: 마음이나 눈길이 어떤 대상에 끌려서 한쪽으로 기울어지다.

2. 알맞은 말을 골라 문장을 완성해 보세요.

> 불황   지진   도시 인구 집중
> 한국 전쟁   (인터넷과 매체의 발달)

1) ___인터넷과 매체의 발달로 말미암아___ 시간과 공간에 구애받지 않는 소통이 가능해졌다.

2) _____ 농촌 지역에 빈집이 많아지면서 주거 환경 개선의 필요성이 대두되었다*.

3) _____ 공장, 도로 등 기반 시설이 파괴되고 이산가족이 발생했다.

4) 서울시장은 _____ 경제적 어려움을 겪는 이웃들이 많다며 불우 이웃 돕기 모금에 적극적으로 동참해 줄 것을 호소했다.

5) 이번에 발생한 진도* 5.1 규모의 _____ 많은 사람이 삶의 터전을 잃고 말았다.

3. 자연재해, 사건 사고 등에 관한 기사를 찾고 위 문법을 사용하여 기사의 내용을 요약해 보세요.

> 지난주 A시에 사흘 연속 내린 집중 호우로 산사태가 발생했습니다. 산사태로 말미암아 지역 주민들이 큰 피해를 입었습니다. 정부는 해당 지역 주민들을 대피시키고 복구 작업을 위한 지원에 최선을 다하고 있습니다.

대두되다: 어떤 세력이나 현상이 새롭게 나타나게 되다.   **진도**: 지진의 크기나 정도.

문법과 표현 4 · 동형-지, 명이지

1. 다음과 같이 대화를 완성해 보세요.

   1) 가: 대학에 들어갔는데 시험하고 과제만 많고 놀 시간이 부족해.
      나: 대학에 공부하러 <u>들어갔지</u> 놀려고 들어간 건 아니잖아. 틈틈이 많이 노는 것 같은데 관점을 다르게 가져 보면 어때?

   2) 가: 그 도시는 월세가 너무 비싸서 유학하기 어렵지 않아?
      나: 월세만 _____ 생필품 가격은 싸서 그렇게 힘들지는 않아.

   3) 가: 네가 여행을 싫어하는 것 같아서 이번 여행은 취소했어.
      나: 나는 단체 여행을 _____ 여행 자체를 싫어하지는 않아.

   4) 가: 일부 부유층*의 갑질*이 논란이 되고 있네요.
      나: 맞아요. 돈만 _____ 상식은 통하지 않는 사람들이 많아서 문제예요.

   5) 가: 국민 소득이 3만 5,000달러를 넘었다고 합니다. 그런데 국민들은 이를 체감하기 어렵다고 하는데요. 그 원인이 무엇일까요?
      나: 전문가들은 국민 소득의 평균 수치만 _____ 개개인의 월급이 실제로 오른 것은 아니라서 국민이 이를 체감하지 못하는 것으로 보고 있습니다.

 부유층: 재물이 많아서 살림이 아주 넉넉한 사람들의 계층.
갑질: 상대적으로 우위에 있는 사람이 다른 사람에게 무례하게 행동하거나 제멋대로 구는 짓.

2. 다음과 같이 각 단어의 정의를 여러분의 관점으로 완성해 보세요.

   1) '사랑'은 주고받는 것이지 받기만 하는 것이 아니다 .

   2) '인생'은 _____.

   3) '결혼'은 _____.

   4) '직업'은 _____.

   5) '행복'은 _____.

3. 위 문법을 사용하여 여러분의 의도와 다르게 다른 사람과 오해가 생긴 경험을 이야기해 보세요.

   몇 년 전 친구와 오해가 생긴 적이 있어요. 친구가 유학을 가려고 해외 대학원에 지원했는데 불합격했어요. 저는 친구에게 "괜찮아. 다음에 또 지원하면 되지. 이제 나랑 신나게 놀 수 있겠다!"라고 했더니 친구가 엄청 기분 나빠하더라고요. 저는 친구를 위로해 주려고 한 것이지 기분 나쁘게 할 생각은 없었거든요. 그런데 친구가 갑자기 화를 내니까 당황스러웠어요.

복습 6

어휘 Vocabulary

정리하기

다음에서 알고 있는 어휘에 ✔ 해 보세요.

11-1과

연 ☐	함축적 의미 ☐	작품을 감상하다 ☐
행 ☐	구체화하다 ☐	이미지가 연상되다 ☐
구절 ☐	영감을 받다 ☐	상징적 의미를 갖다 ☐
시어 ☐	마음에 와닿다 ☐	비유적으로 표현하다 ☐
심상 ☐	시를 낭송하다 ☐	
추상적 개념 ☐	운율을 형성하다 ☐	

11-2과

첫사랑 ☐	성숙해지다 ☐	허탈감에 빠지다 ☐
풋사랑 ☐	꿈이 깨지다 ☐	감수성이 예민하다 ☐
가출하다 ☐	잠을 설치다 ☐	불길한 예감이 들다 ☐
반항하다 ☐	혼란을 겪다 ☐	희망/꿈이 무너지다 ☐
방황하다 ☐	가슴이 시리다 ☐	신체적/심리적 변화를 겪다 ☐
성장하다 ☐	가슴이 아리다 ☐	
좌절하다 ☐	답답함을 느끼다 ☐	

12-1과

성차별 ☐	유리 천장 ☐	성 소수자 차별 ☐
성평등 ☐	인종 차별 ☐	성 인지 감수성 ☐
역차별 ☐	임금 격차 ☐	다문화 가정 차별 ☐
가부장제 ☐	지역 차별 ☐	차별을 당하다 ☐
군 가산점 ☐	여성 할당제 ☐	가사를 분담하다 ☐
빈부 차별 ☐	장애인 차별 ☐	형평에 어긋나다 ☐
외모 차별 ☐	남아 선호 사상 ☐	

12-2과

사회화 ☐	문화를 공유하다 ☐	자아 정체성을 확립하다 ☐
나 홀로 문화 ☐	사생활을 방해받다 ☐	정서적 유대를 확립하다 ☐
감정을 소모하다 ☐	인간관계를 형성하다 ☐	공동체 의식이 약화되다 ☐
고립을 심화하다 ☐	후천적으로 형성되다 ☐	
기회를 박탈하다 ☐	사회적 존재로 거듭나다 ☐	

평가하기

[1~5] 다음 (   )에 들어갈 가장 알맞은 것을 고르세요.

1. 올림픽에서 메달을 땄다고 해서 군 복무를 면제해 주는 것은 (   ) 일이라고 생각한다.

   ① 차별을 당하는 ② 차이를 인정하는
   ③ 형평에 어긋나는 ④ 다양성을 인정하는

2. 지방에 있는 K 기업은 지역 차별을 철폐하기 위해 신입 사원의 50%는 그 지역 대학교 출신을 채용하기로 했다. 하지만 수도권 대학 출신의 취업 준비생들은 (   )이라면서 반발하고 있다.

   ① 성차별 ② 역차별 ③ 연령 차별 ④ 임금 차별

3. 비대면 의사소통이 인간의 고립을 (   )고 보는 의견이 있지만, 나는 비대면 의사소통을 통해 오히려 더 다양한 방식으로 인간관계를 맺을 수 있게 되었다고 생각한다.

   ① 분담했다 ② 소모했다 ③ 심화했다 ④ 확립했다

4. 가: 뉴스 봤어요? 또 새로운 전염병이 유행이래요.
   나: 네. 그래서 다시 자유롭게 해외에 나갈 수 있으리라는 (   ).

   ① 희망이 무너졌어요 ② 허탈감에 빠졌어요
   ③ 불길한 예감이 들어요 ④ 생각에 가슴이 시려요

5. 가: 이번 무대에서 처음 공개한 〈봄바람〉이라는 노래의 작사에 직접 참여하셨다고 들었습니다.
   나: 네. 제가 최근에 읽은 한 소설에서 (   )을 받아 가사를 쓰게 됐습니다.

   ① 연상 ② 영감 ③ 주목 ④ 혼란

[6~10] 다음 밑줄 친 부분과 의미가 비슷한 것을 고르세요.

6.
> 소설 《소나기》는 시골의 경치와 정취를 <u>담담하게</u> 그려 냈다.

① 빽빽하게　　② 삭막하게　　③ 차분하게　　④ 쾌활하게

7.
> 이번 신곡의 가사 중에는 <u>겉으로 드러나지 않고 속에 담겨 있는</u> 의미를 가진 부분이 많습니다. 예를 들어 '겨울'은 인생의 시련과 역경을 뜻합니다.

① 구체적　　② 명시적　　③ 추상적　　④ 함축적

8.
> 나는 태어났을 때는 왼손잡이였는데, 왼손으로 글씨를 쓰면 부모님께서 야단을 치시며 오른손으로 써 버릇하게 하셨다. 그래서 나는 왼손뿐만 아니라 오른손으로 글씨를 쓰는 능력도 <u>자라면서 가지게 되었다</u>.

① 의식이 약화되었다　　② 심리적 변화를 겪었다
③ 사회적 존재로 거듭났다　　④ 후천적으로 형성되었다

9.
> 잠을 푹 자지 못하고 자꾸 뒤척이거나 자주 깨는 사람들이 있다. 밤에 <u>숙면을 취하지 못하는</u> 이유 중 하나는 낮에 섭취한 카페인이다.

① 잠에 드는　　② 잠을 설치는
③ 잠을 청하는　　④ 잠이 쏟아지는

10.
> 김만수 회장은 어린 나이에 생계를 꾸리느라 교육의 기회를 <u>박탈당한</u> 소년 소녀 가정의 아이들을 위해 학교를 설립하고자 하는 뜻을 밝혔다.

① 감춘　　② 거둔　　③ 되감은　　④ 빼앗긴

복습 6

[11~13] 다음 (   )에 공통적으로 들어갈 단어를 고르세요.

11.
- 친구들과의 약속 시간에 (   ) 지금 당장 집에서 출발해야 된다.
- 춤과 음악은 떼려야 뗄 수 없는 관계다. 춤을 추려면 음악을 듣고 박자에 (   ) 몸을 움직여야 하기 때문이다.
- 내가 퍼즐 (   )를 좋아하는 이유는 작은 조각이 모여서 멋진 그림을 만들어 낼 때 성취감이 들기 때문이다.

① 끼우다　　② 맞추다　　③ 맞히다　　④ 합치다

12.
- 새로운 휴대폰 출시가 다가오면서 신제품에 대한 소문이 (   ).
- 관리되지 않은 유적지 주변에 잡초가 (   ) 내부에는 먼지가 수북하다.
- 그녀가 말없이 휴학하자 이를 둘러싸고 사람들 사이에 (   ) 추측이 나돌았다.

① 무료하다　　② 무모하다　　③ 무사하다　　④ 무성하다

13.
- 징검다리를 건너다가 발을 헛디뎌서 (   ) 물에 빠질 뻔했다.
- (   ) 막대한 손해를 볼 수도 있었던 주민들이 한 변호사의 도움으로 어려움을 해결했다.
- (   ) 큰불로 이어질 뻔했으나 소화기를 이용한 주민의 빠른 대처 덕분에 피해를 줄일 수 있었다.

① 소위　　② 걸핏하면　　③ 뜬금없이　　④ 하마터면

[14~15] 밑줄 친 부분이 어색한 것을 고르세요.

14.
① 직장 내 성희롱*은 성 인지 감수성 부족으로 인한 경우가 많다.
② 최근 나 홀로 문화의 확산으로 동호회 활동이 활성화되고 있다.
③ 대기업과 중소기업 간의 임금 격차가 다시 확대된 것으로 조사됐다.
④ 여성 할당제를 실시하는 것은 남성에 대한 역차별이라는 의견이 있다.

15.
① 경찰이 찾아온 것은 범인이 이미 꼬리를 감춘 뒤였다.
② 부모님은 큰물로 나가 나의 꿈을 펼치라며 응원해 주셨다.
③ 지민이는 이루 다 헤아리기 어려울 정도로 많은 책을 읽었다.
④ 연예인 A 씨가 불우 이웃을 위해 큰돈을 기부해서 큰 파장을 일으켰다.

 성희롱: 상대방의 의사에 관계없이 성적으로 불쾌감이나 모욕감을 주는 말이나 행동을 하는 일. 또는 그 말이나 행동.

문법과 표현
Grammar & Expression

▶ 정리하기

✎ 다음에서 알고 있는 문법과 표현에 ✔ 해 보세요.

11-1과

| 동형-을 성싶다 | ☐ 오늘은 커피를 다섯 잔이나 마셔서 잠이 안 **올 성싶다**. |
| 동-노라면 | ☐ 이 길을 **걷노라면** 옛날 생각이 많이 난다. |

11-2과

| 동-는 둥 마는 둥 하다 | ☐ 요즘 다이어트하려고 저녁은 **먹는 둥 마는 둥 한다**. |
| 명이고 명이고 (간에) | ☐ 초콜릿은 **어른이고 아이고** 모두 좋아하는 기호 식품이다. |

12-1과

| 동형-을 법하다 | ☐ 지금쯤 **도착했을 법하니** 한번 연락해 보세요. |
| 동형-건만, 명이건만 | ☐ 준호는 **고등학생이건만** 아직도 어린아이처럼 행동한다. |

12-2과

| 명으로 말미암아 | ☐ 한국 **전쟁으로 말미암아** 100만 명이 넘는 인명 피해가 발생했다. |
| 동형-지, 명이지 | ☐ 그 사람은 말만 **잘하지** 실력은 하나도 없다. |

▶ 평가하기

[1~2] 다음 (   )에 들어갈 가장 알맞은 것을 고르세요.

1.
| 한국 노래를 (   ) 한국에서 유학하던 시절이 떠오른다. |

① 듣기에는　　② 듣노라면　　③ 듣는답시고　　④ 들은 끝에

2.

열심히 (　　　　) 안타깝게 시험에 떨어지고 말았다.

① 노력했거든　　② 노력했건만　　③ 노력했더라도　　④ 노력했으므로

[3~4] 다음 밑줄 친 부분과 의미가 비슷한 것을 고르세요.

3.

그런 정도의 일은 누구나 한 번쯤 <u>겪어 봤을 성싶습니다</u>. 너무 크게 자책하지 마세요.

① 겪어 봤을 듯합니다　　② 겪어 본 게 고작입니다
③ 겪어 보기가 일쑤입니다　　④ 겪어 봤을 턱이 없습니다

4.

국제 유가의 <u>상승으로 말미암아</u> 소비자 물가가 전반적으로 올랐다.

① 상승으로 인해　　② 상승으로 보면
③ 상승은 고사하고　　④ 상승에도 불구하고

[5~7] 알맞은 표현을 골라서 대화를 완성하세요.

> -는 둥 마는 둥 하다　　-을 법하다　　이고 이고 (간에)　　-지

5. 가: 우리 이제 영화관에 갈까? 아니면 노래방?
　　나: ＿＿＿＿＿＿＿＿＿＿＿＿＿＿＿＿ 좀 시원한 곳으로 가자. 오늘 너무 덥다.

6. 가: 내일부터 연휴라서 일이 손에 잡히지 않아.
　　나: 나도 마찬가지야. ＿＿＿＿＿＿＿＿＿＿＿＿＿＿＿＿.

7. 가: 사진 속 강아지가 너희 강아지야? 순해 보인다.
　　나: 겉모습만 ＿＿＿＿＿＿＿＿＿＿ 성격은 사나워.

듣기 Listening

[1] 다음을 듣고 질문에 답하세요.

1. 무엇에 대해 이야기하고 있는지 고르세요.
   ① 소설을 각색한 영화의 특징
   ② 매체에 따른 언어 사용의 특성
   ③ 매체의 다양화에 따른 문학 작품 감상 방식의 변화
   ④ 문학 작품에서 인물의 내면을 표현하는 방식의 차이

[2~3] 다음 인터뷰를 듣고 질문에 답하세요.

2. 들은 내용과 일치하는 것을 고르세요.
   ① 이 소설은 국내외에서 인기를 끌었다.
   ② 이 소설에 나오는 차별은 현재 찾아 볼 수 없다.
   ③ 이 소설은 영화와 연극으로도 제작될 예정이다.
   ④ 이 소설은 성차별에 대한 남성의 시각을 보여 준다.

3. 주인공 지영에 대한 설명으로 알맞은 것을 고르세요.
   ① 직장에 다닌 적이 없다.
   ② 남아 선호 사상을 갖고 있다.
   ③ 남편의 육아 휴직을 반대한다.
   ④ 결혼 후 시집살이로 고생한다.

[4~5] 다음 토론을 듣고 질문에 답하세요.

4. 군 가산점 제도에 대한 남자의 생각으로 알맞은 것을 고르세요.
   ① 헌법 재판소의 결정은 불공정하다.
   ② 군대에 가지 못하는 사람들에게 차별이 된다.
   ③ 병역을 이행한 사람에게 충분한 보상이 된다.
   ④ 일반 기업도 군 가산점 제도를 도입해야 한다.

5. 들은 내용과 일치하는 것을 고르세요.
   ① 공기업 입사에서는 군 가산점을 받을 수 없었다.
   ② 군대에서 전공과 관련된 업무를 하는 경우는 없다.
   ③ 군 가산점 제도는 헌법에 맞지 않는다는 판결이 있었다.
   ④ 국민의 대다수가 군 가산점 제도의 부활을 반대하고 있다.

각색하다: 소설 등의 문학 작품을 고쳐서 연극이나 영화에 각본으로 바꾸어 쓰다.
노골적: 숨기는 것 없이 모두를 있는 그대로 드러내는 (것).
시집살이: 결혼한 여자가 시댁에서 살림살이를 하는 일.
도맡다: 혼자서 책임을 지고 몰아서 모든 것을 돌보거나 해내다.
위헌: 법률이나 명령, 규칙 등이 헌법의 조항이나 정신에 어긋나는 일.
헌법 재판소: 법률 등의 위헌 여부를 일정한 절차에 따라 심판하기 위하여 설치한 특별 재판소.
부활하다: 없어지거나 없어져 가던 것이 회복되어 옛 모습을 다시 찾게 되다. 또는 그렇게 하다.
혹한: 몹시 심한 추위. **제대 군인**: 군대에서 의무 복무 기간을 마치고 전역한 사람. **이행하다**: 실제로 행하다.

읽기 Reading

[1~2] 다음 글을 읽고 질문에 답하세요.

> 그날도 소년은 주머니 속 흰 조약돌*만 만지작거리며* 개울가*로 나왔다. 그랬더니, 이쪽 개울둑*에 소녀가 앉아 있는 게 아닌가. 소년은 가슴부터 두근거렸다.
> "그동안 앓았다."
> 어쩐지 소녀의 얼굴이 해쓱해져* 있었다.
> "그날, 소나기 맞은 탓 아냐?"
> 소녀가 가만히 고개를 끄덕이었다.
> "인제 다 나았냐?"
> "아직도……."
> "그럼, 누워 있어야지."
> "하도 갑갑해서 나왔다……. 참, 그날 재밌었어……. 그런데 어디서 이런 물이 들었는지* 잘 지지* 않는다."
> 소녀가 분홍 스웨터 앞자락을 내려다본다. 거기에 검붉은 진흙물 같은 게 들어 있었다. 소녀가 가만히 보조개를 떠올리며,
> "그래, 이게 무슨 물 같니?"
> 소년은 스웨터 앞자락만 바라다보고 있었다.
> "내, 생각해 냈다. 그날 도랑*을 건너면서 내가 업힌* 일이 있지? 그때, 네 등에서 옮은* 물이다."
> <u>소년은 얼굴이 확 달아오름*을 느꼈다.</u>
>
> 출처: 황순원, 《소나기》, 다림, 1999

1. 밑줄 친 부분에 나타난 소년의 심정으로 알맞은 것을 고르세요.

   ① 부끄럽다 ② 허탈하다 ③ 원망스럽다 ④ 가슴이 아리다

2. 이 글의 내용과 일치하지 <u>않는</u> 것을 고르세요.

   ① 소녀는 병이 완전히 회복되었다.   ② 소년은 소녀를 업어 준 적이 있다.
   ③ 소년은 개울가에서 소녀를 만났다.   ④ 소녀는 소나기를 맞고 병에 걸렸다.

조약돌: 작고 동그란 돌.
개울가: 골짜기나 들판에 흐르는 작은 물줄기의 주변.
개울둑: 개울의 물이 흘러넘치는 것을 막기 위해서 돌이나 흙 등으로 높이 막아 쌓은 긴 언덕.
해쓱하다: 얼굴에 핏기나 생기가 없다.
지다: 묻었거나 붙어 있던 것이 닦이거나 씻겨 없어지다.
업히다: 사람이나 동물 등이 다른 사람이나 동물의 등에 매달려 붙어 있게 되다.
확 달아오르다: 부끄러움이나 창피함 등으로 얼굴이 뜨거워지다.
만지작거리다: 가볍게 잡았다 놓았다 하면서 자꾸 만지다.
물이 들다: 빛깔이 스며서 색깔이 변하다.
도랑: 매우 좁고 작은 개울.
옮다: 물이 들다.

[3~5] 다음 글을 읽고 질문에 답하세요.

외로움을 느끼는 한국인이 늘어나고 있다. 통계청 자료에 따르면 작년 한 해 외롭다고 느낀 적이 있다는 응답자가 22.3%로 나타났다. 지난 1년간 다른 사람과 교류가 없었던 사람은 1.7%에서 2.2%로, 사회단체 활동에 참여하지 않은 사람의 비율도 48.2%에서 53.6%로 전년 대비 증가했다. 특히 20대 남성은 사회단체 비활동률*이 63%로 전년 대비 10% 이상 늘어나면서 고립 정도가 가장 커진 것으로 나타났으며, 친구 등 가족 외 집단과 전화, 온라인 메신저, 대면 등을 포함해 그 어떤 형태의 교류도 하지 않았다는 사람의 비율도 2배로 늘었다.

청년 세대의 외로움이 개인의 자유와 사생활을 중시하는 세대적 특징에 기인한다*고 보는 관점도 있지만, 청년들의 고립 심화는 사회 경제적 구조의 변화와 더 큰 관련이 있다. 농경 문화를 근간*으로 하는 한국은 전통적으로 친족이나 이웃과의 정서적 유대가 강한 나라였다. 지역 공동체 중심으로 생활이 이루어지는 만큼 이웃과의 관계는 (   ). 그러나 도시화와 산업화로 말미암아 사회 이동이 활발해지고 이동 거리도 길어지면서 공동체 의식이 약화되었다. 특히 1997년 외환 위기 이후 가속화된 구조적 불안정성과 불확실성은 가족 및 이웃과의 관계를 왜곡했다. 안정된 일자리를 찾지 못한 청년들은 결혼, 출산과 같은 안정적 관계 형성의 기회를 박탈당했고, 이들에게 친구, 동료, 이웃은 동반자가 아닌 경쟁자로 변화했다.

관계가 건강하지 못한 사회는 미래를 꿈꿀 수 없다. 청년들에게 만남과 소통의 기회를 제공하고 안정적인 관계를 이어 나갈 수 있도록 경제적 여건을 마련해 주는 것은 정부와 기성세대의 몫이 아닐까 싶다.

3. (   )에 들어갈 내용으로 알맞은 것을 고르세요.
   ① 친밀하고 안정적이었다
   ② 불안정하고 불확실했다
   ③ 신뢰가 없고 변화가 심했다
   ④ 경쟁적이면서 독립적이었다

4. 이 글의 내용과 일치하지 <u>않는</u> 것을 고르세요.
   ① 고립 정도가 가장 심해진 집단은 20대 남성으로 나타났다.
   ② 도시화와 산업화는 공동체 의식을 강화하는 데 영향을 미쳤다.
   ③ 청년들은 안정된 일자리를 찾지 못해서 관계 형성에 어려움을 겪고 있다.
   ④ 외환 위기 이후 심화된 불안정성 때문에 사람들 사이의 관계가 부정적으로 변했다.

5. 밑줄 친 부분에 나타난 글쓴이의 태도로 알맞은 것을 고르세요.
   ① 고립 현상이 점차 심화될 것을 우려하고 있다.
   ② 청년들에게 고립에서 벗어날 것을 당부하고 있다.
   ③ 고립 심화 현상으로 발생하는 문제점을 지적하고 있다.
   ④ 고립 심화 현상을 해결하기 위한 사회적 책임을 강조하고 있다.

  비활동률: 활동하지 않는 비율.   **기인하다**: 어떠한 것에 원인을 두다.   **근간**: 사물의 바탕이나 중심이 되는 중요한 것.

쓰기 Writing

✎ **다음 주제로 글을 쓰세요. (600~700자)**

> 최근에 읽었던 시 또는 소설의 내용을 소개하고 이에 대한 자신의 느낌과 생각을 써 보세요.

말하기 과제
Speaking Task

🖊 **결말 바꿔 쓰기를 한 후, 해당 내용을 바탕으로 연극 〈봄바람〉 공연을 해 봅시다.**

준비하기

1. 5~6명이 한 조가 됩니다. 먼저 여러분이 숙제로 쓴 《봄바람》의 결말을 바꿔 읽어 보세요.

2. 가장 인상적인 결말을 뽑아 〈봄바람〉 연극을 준비해 보세요.

활동하기

1. 여러분 조에서 선정한 결말을 바탕으로 대본을 작성해 보세요.

> **예시**
>
> #1 (중학교 빈 교실)
>
> 훈필: (교실 창밖을 바라보며) 다시 떠나야겠어. 염소 목장도 뱃사람도 모두 내 갈 길은 아니야.
>
> (그때 은주가 교실로 들어온다.)
>
> 은주: 훈필아, 너 서울에 갔던 옆집 민수 오빠가 부모님을 만나러 내려왔다는 거 들었어?

2. 완성한 대본을 바탕으로 조원들과 배역을 정하고 각자 맡은 역할을 연습해 보세요.

배역	이름
훈필	
은주	

발표하기 〈봄바람〉 연극을 공연해 보세요.

평가하기 어느 조의 공연이 가장 인상 깊었습니까? 각 분야의 수상자를 선정해 보세요.

작품상	
대본상	
연기상	
인기상	

13 한국의 사회 문제

13-1 삶의 만족도

13-2 불평등의 심화

13-1	어휘	삶의 질
	문법과 표현	동형-을 턱이 없다, 명일 턱이 없다
		동형-건 (간에)
13-2	어휘	불평등 문제, 불평등을 줄이기 위한 노력
	문법과 표현	동-기란
		동-게끔

어휘 Vocabulary

1. 관계있는 것끼리 연결하고 문장을 완성해 보세요.

근무 시간을	없애다	사회적 위험으로부터 국민을 보호하기 위한 제도를 확대하고 보충하다
근무 환경을	제한하다	구별하여 다르게 대하는 일을 사라지게 하다
사회 안전망을	투입하다	일하는 곳의 조건이나 상황을 더 좋아지게 하다
예산을	맞추다	일하는 시간이 일정 기준을 넘지 못하도록 규제하다
일과 삶의 균형을	개선하다	업무와 개인 생활 중 어느 한쪽으로 치우치지 않도록 하다
차별을	확충하다	필요한 비용을 미리 계산하여 그 비용을 어떤 목적을 위해 사용되도록 하다

1) 정부는 현대 사회에 존재하는 실업·빈곤 등의 사회적 위험으로부터 국민을 보호하고 안정된 생활을 보장하기 위해 <u>사회 안전망을 확충해야</u> 한다.

2) 장애인 차별 금지법, 남녀 고용 평등법 등은 _____ 위해 제정된 법이다.

3) 근로 기준법*은 청소년들이 하루에 일곱 시간 이상 일할 수 없도록 _____ 있다.

4) A 기업은 직원이 더 안전하고 쾌적한 환경에서 근무할 수 있도록 _____ 위해 노력하고 있다.

5) 예전에는 개인의 삶보다 직장에서의 성공을 우선시했지만, 요즘에는 승진을 포기하더라도 _____ 것이 더 중요하다고 말하는 사람이 늘고 있다.

6) 정부는 시민들이 문화를 향유할 수 있는 기회를 확대하기 위해 총 8,000억 원의 _____ 마을 도서관을 짓기로 했다.

*근로 기준법: 헌법에 따라 근로 조건의 기준을 정하여 놓은 법률.

2. 밑줄 친 부분과 의미가 같은 말을 골라 써 보세요.

> 저임금   1등 지상주의   고용 불안정   외모 지상주의   (학벌 지상주의)

1) 출신 학교의 서열*을 가장 중요하게 생각하는 사고방식으로 인해 사교육 및 입시 위주의 교육이 더욱 심화되고 있다. ➡ 학벌 지상주의

2) 외모에 대한 인식 조사 결과를 보면 인생에서 외모가 미치는 영향이 매우 크다고 답한 비율이 87%에 달했다. 이는 겉모습이 가장 중요하다는 사고방식이 우리 사회에 얼마나 많이 퍼져 있는지를 보여 주는 결과이다. ➡

3) 낮은 급여에도 불구하고 직업으로 공무원을 선택하는 이유는 고용 안전성 때문이다. ➡

4) 정상을 차지한 사람만 최고라고 생각하는 사고방식을 사회 곳곳에서 볼 수 있다. 예를 들어 올림픽에서도 언론의 관심은 금메달을 딴 선수에게만 집중된다. ➡

5) 계약직·임시직 등 일자리가 안정되지 못한 상태로 인해 청년들이 언제 해고될지 모른다는 불안감에 시달리고 있다. ➡

3. 알맞을 말을 골라 글을 완성해 보세요.

> 포용하다   (사각지대에 놓이다)   제도를 보완하다

안정된 일자리를 찾지 못한 청년층이 30%가 넘는 것으로 나타났다. 이들은 일자리를 잃어도 고용 보험의 혜택을 받지 못하는 복지의 1) 사각지대에 놓여 있다 . 정부는 현행* 고용 보험 제도의 문제점을 인식하고 예술인, 프리랜서 등 더 많은 직종*의 노동자들이 고용 보험의 혜택을 받을 수 있도록 2) _____ 예정이다. 직종에 제한 없이 모든 노동자를 3) _____ 방식으로 제도가 하루빨리 개선되어야 할 것이다.

고용 보험이란?
실직한 근로자의 생활 안정과 재취업을 대비하기 위한 사회 보험이에요.

서열: 일정한 기준에 따라 순서대로 늘어섬. 또는 그 순서.
직종: 직업이나 직무의 종류.
현행: 현재 시행되고 있음. 또는 시행하고 있음.

문법과 표현 ❶ 동형-을 턱이 없다, 명일 턱이 없다

1. 다음과 같이 대화를 완성해 보세요.

1) 가: 수민이가 면접을 잘 봤을까? 합격했는지 궁금하네.
   나: 준비도 안 하고 놀기만 했는데 <u>합격할 턱이 없지</u>.

2) 가: 이번 조별 과제 점수가 너무 낮아.
   나: 마감 직전에 급하게 해서 제출했는데 점수가 _____.

3) 가: 지난해 혼인율이 역대 최저라고 해요. 인구 1,000명당 혼인 건수가 네 건이 안 된다고 해요.
   나: 실업률도 높고 집값도 이렇게나 올랐는데 청년들이 쉽게 _____.

4) 가: 청소년들의 스마트폰 중독이 심각해져서 수업 시간에 스마트폰을 수거하는 학교가 늘었대요. 이렇게 하면 스마트폰 중독 문제가 해결될까요?
   나: 방과 후에 몇 시간씩 스마트폰만 들여다보는 아이들이 많은데 수업 시간에만 쓰지 못하게 한다고 이 문제가 _____.

5) 가: 정부가 강력한 부동산 대책을 발표했네요. 서울의 집값이 내려갈까요?
   나: 서울에 집을 구하려는 사람이 여전히 많은데 집값이 _____.

6) 가: 이번 크리스마스에 세라 씨를 초대할까요? 혼자 외로울 텐데요.
   나: 세라 씨의 남자 친구가 크리스마스를 함께 보내기 위해 한국에 와 있다고 해요. 그러니까 세라 씨를 초대한다고 해도 _____.

7) 가: 인아 씨가 성형 미인이라는 소문이 있던데 사실이에요?
   나: 아닐 거예요. 인아 씨의 어릴 때 사진을 보니까 그때도 인형처럼 예쁘던데 _____.

2. 신문 기사의 제목을 보고 다음과 같이 비판하는 댓글을 완성해 보세요.

1) **채소 가격, 작년 대비 6% 상승**
언제쯤 물가 안정될까 국민들 시름

💬 댓글 ∧ 국제 유가가 상승한 데다가 지난여름 폭우로 농작물이 큰 피해를 입었는데
　　　　　물가가 안정될 턱이 있겠어요 ?

2) **정부, 입시 제도 대폭 개편**
사교육 열풍 사라질 것으로 기대

💬 댓글 ∧ 아이에게 사교육을 시키지 않으면 안 되는 분위기가 이미 형성되어 있는데, 입시 제도만
　　　　　개편한다고 _____ .

3) **김민수 시장, 공공 기관 일회용품 반입 금지 방안 발표**
내년까지 일회용품 사용량 35% 이상 감소 목표

💬 댓글 ∧ 과연 이 정책이 효과가 있을까요? 배달 주문이 꾸준히 증가하고 있는데 _____
　　　　　_____ ?

4) **정부, 출산 지원금 및 아동 수당 확대 발표했지만⋯**
출산율, 역대 최저로 나타나

💬 댓글 ∧ 일과 육아의 병행도 힘들고 출산 후 경력 단절*도 우려되는데, 돈만 준다고 _____
　　　　　_____ . 우선 아이를 낳아 키우기 쉬운 환경을 만들어야 해요.

3. 위 문법을 사용하여 우리가 직면한 문제에 대해 여러분의 의견을 이야기해 보세요.

　　높은 실업률　　　세대 갈등　　　쓰레기 배출 증가　　　?

> 경제 불황으로 회사들이 채용을 줄이고 있는데 실업률이 낮아질 턱이 있겠어요? 이 문제를 해결하기 위해서는⋯.

📝 **경력 단절**: 업무 능력은 있으나 일을 그만둔 지 오래되어 경력이 끊긴 상황.

문법과 표현 ❷ 동형-건 (간에)

1. 알맞은 말을 골라 대화를 완성해 보세요.

> 어떻다　　　　　누구를 만나다　　　　　무슨 일을 하다
> (뭐라고 하다)　　어디를 가다　　　　　　어떻게 생각하다

1) 가: 저는 학교를 그만두고 가수가 되고 싶은데 주변에서는 수입이 불안정할 거라면서 다 말려요.
   나: 주변 사람들이 ＿뭐라고 하건 간에＿ 지금 이 순간 후회 없는 결정을 하세요. 오직 나만이 나의 미래를 결정할 수 있으니까요.

2) 가: 로이 씨는 정말 예의 바른 사람인 것 같아요.
   나: 맞아요. ＿＿＿＿＿＿＿＿＿＿＿＿ 먼저 웃으면서 인사하고 깍듯하게* 대해요.

3) 가: 짐이 많네요. 1박 2일 여행 가는데 뭘 그리 많이 가지고 오셨어요?
   나: 이불과 베개요. 저는 제가 평소에 사용하는 침구*가 아니면 잠을 잘 못 자서 ＿＿＿＿＿＿＿＿＿＿＿＿ 꼭 침구를 가지고 다녀요.

4) 가: 10년이면 강산도 변한다는데 외모를 중시하는 사회 분위기는 별로 달라지지 않은 것 같습니다. 외모 지상주의를 극복할 수 있는 방안이 있을까요?
   나: 겉모습이 ＿＿＿＿＿＿＿＿＿＿＿＿ 내면의 아름다움이 중요하다는 것을 어릴 때부터 가르쳐야 합니다.

5) 가: 사장님은 신입 사원을 뽑을 때 어떤 특성을 가장 중요하게 생각하시나요?
   나: 저는 소통 능력이 가장 중요하다고 생각합니다. 회사에서는 ＿＿＿＿＿＿＿＿＿＿＿＿ 팀원과 소통하고 협업하는 것이 제일 중요하기 때문이죠.

6) 가: 오늘은 한국과학상 수상자 김민수 박사님을 이 자리에 모셨습니다. 박사님, 성장 과정에서 가장 많은 영향을 준 사람은 누구신지요?
   나: 저희 할아버지십니다. 할아버지께서는 남들이 ＿＿＿＿＿＿＿＿＿＿＿＿ 자신이 옳다고 믿는 바에 따라 행동해야 한다는 것을 늘 강조하셨어요.

깍듯하다: 예의를 갖추는 태도가 분명하다.　　**침구**: 이불이나 베개 등과 같이 잠을 잘 때 쓰는 것.

2. 다음과 같이 대화를 완성해 보세요.

1) 가: 김 선생님이 다음 달에 퇴임하시는데*, 선물은 비쌀수록 좋겠죠?
   나: <u>싸건 비싸건</u> 준비한 사람의 정성을 보여 줄 수 있는 선물이 좋을 것 같아요.

2) 가: 대학생이 꼽은 희망 직업 2위는 공무원이라고 해요. 왜 다들 공무원이 되고 싶어 할까요?
   나: 요즘 고용 불안정성이 커지다 보니 자신의 적성에 _____ 상관없이 안정적인 직업만을 찾는 경향이 강해져서 그런 것 같아요.

3) 가: 저는 이번 채용에서 경력이 있는 사람을 뽑았으면 좋겠습니다.
   나: 저는 좀 생각이 다릅니다. 경력이 _____ 열정적인 사람을 최우선으로 선발해야 한다고 생각합니다.

4) 가: 돈이 많다고 해서 다 행복한 것도 아니고, 돈이 적다고 다 불행한 것도 아닌 것 같아요.
   나: 네. 항상 긍정적으로 생각하면 돈이 _____ 행복하다고 느낄 수 있어요.

5) 가: 어제 대선* 여론 조사를 보니까 우리 당 후보의 지지율이 올랐네요. 지난달에는 떨어졌었는데요.
   나: 지지율이 _____ 신경 쓰지 마세요. 아직 선거까지는 시간도 많이 남았고, 뚜껑은 열어* 봐야 아는 거니까요.

3. 여러분이 회사에서 면접을 본다고 생각하고 위 문법을 사용하여 자신의 장점을 이야기해 보세요.

저는 무슨 일을 하건 항상 열정을 갖고 최선을 다합니다. 고객을 만날 때는 고객의 요청 사항이 무엇이건 간에 최대한 맞추려고 노력하는 편입니다. 또한, 고객과의 상담 과정에서 고객의 특성이 무엇인지 빠르게 파악해서 적절한 판매 전략을 구사할 수 있는 능력도 있습니다.

퇴임하다: 직책이나 임무에서 물러나다.　　**대선**: 대통령을 뽑는 선거.
뚜껑을 열다: 사물의 내용이나 결과를 확인하다.

어휘 Vocabulary

1. 알맞은 말을 골라 문장을 완성해 보세요.

> 양극화　　　　계층 상승　　　　기회의 평등　　　(빈곤의 대물림)
> 빈곤의 악순환　　상대적 빈곤　　소득 격차

1) 부모가 가난한 경우 자녀 세대도 가난하게 되는 <u>빈곤의 대물림</u> 현상이 점점 심해지는 것으로 나타났다.

2) _____ 은/는 세계적인 현상이다. 한 경제학자에 따르면, 상위 20%의 인구가 전체 부의 80%를 가져가고 하위 80%의 인구가 나머지 20%를 나눠 가진다고 한다.

3) 자신의 삶을 주변 사람들과 비교하여 그들보다 소득 수준이 낮으면 _____ 을/를 느끼는 사람들이 많아지고 있다.

4) 정규직과 비정규직, 대기업과 중소기업 직원은 유사한 일을 하더라도 연봉이 다르다. 이러한 _____ 은/는 사회 갈등을 일으키는 원인이 될 수 있다.

5) 성별이나 인종 혹은 태어난 환경으로 인해 기회가 제한돼서는 안 된다. 즉, _____ 이/가 보장돼야 한다.

6) 저개발국에서는 가난 때문에 충분한 재화를 마련하지 못하고, 그로 인해 생산력을 높일 수 없어 가난에서 벗어나지 못하는 _____ 이/가 계속되고 있다.

7) 예전에는 열심히 노력하면 자신이 속한 계층보다 더 높은 계층으로 올라가는 _____ 이/가 가능했다. 그러나 요즘은 올라가는 것이 점점 더 어려워지고 오히려 내려가는 경우도 나타나고 있다.

2. 신문 기사의 제목을 보고 알맞은 말을 골라 문장을 완성해 보세요.

> 고소득층   저소득층   빈곤층   ~~격차를 줄이다~~
> ~~복지 정책을 실시하다~~   ~~불평등이 완화되다~~   최저 생계비를 지원하다

1) 기초 연금 등 정부가 시행하는 다양한 제도, 계층 간 불평등 해소에 도움이 될 것으로 기대

   정부는 기초 연금 등 다양한 복지 정책을 실시하고 있다. 이를 통해 격차를 줄이고 불평등이 완화될 것으로 기대한다.

2) 정부, 생계가 어려운 가정에 최소한의 생활비 지원하기로

   정부는 _____.

3) 팬데믹으로 소득 상위 20%는 소득 증가 하위 20%는 소득 감소

   팬데믹으로 인해 _____.

3. 빈칸에 알맞은 말을 넣어 보세요.

	가	ᵃ부		ᵇ차		ᵈ	
							ᵉ
나							
		다		ᶜ		라	
		마					

가로 열쇠 →

가. 부유층과 빈곤층 간의 경제력 차이.
나. 소득이 중간 정도 되는 계층.
다. 부모가 부유하거나 지위가 높은 가정에서 태어나 좋은 환경을 누리는 사람을 비유적으로 나타낸 말.
라. 빈곤, 실업 등 사회적 위험으로부터 국민을 보호하기 위한 규칙, 제도, 법률 등. 예 ○○ ○○○을 확충하다.
마. 정년퇴직 등으로 소득이 없어졌을 때 생활 보장을 위해 국가가 지급하는 돈.

세로 열쇠 ↓

a. 재물이 많아서 살림이 아주 넉넉한 계층.
b. 둘 이상의 대상에 차이를 두어 대하는 일. 예 ○○을 없애다.
c. 낮은 임금.
d. 능력에 따라 상위 계층으로 올라갈 수 있는 도구를 비유적으로 나타낸 말.
e. 고용이 안정되지 못한 상태.

문법과 표현 3 동-기란

1. 다음과 같이 대화를 완성해 보세요.

   1) 가: 시력이 너무 나빠져서 스마트폰 사용 시간을 줄이려고 하는데 쉽지 않네요.
      나: 스마트폰 사용 시간을 <u>줄이기란</u> 거의 불가능한 것 같아요. 스마트폰을 오래 봐야 할 때는 한 시간마다 잠시 휴식 시간을 갖는 수밖에 없어요.

   2) 가: 이마에 주름이 생겼는데 없앨 방법이 있을까요?
      나: 이미 생긴 주름을 _____ 매우 어렵습니다. 하지만 보습제*를 꾸준히 바르면 주름이 더 늘어나는 건 막을 수 있지요.

   3) 가: 이번 프로젝트를 위해 주말도 없이 일했는데 아무도 제 노력을 인정해 주지 않아요.
      나: 일한 만큼 _____ 여간 어려운 일이 아니에요.

   4) 가: 제가 거짓말을 해서 남자 친구가 화가 많이 났어요. 믿음이 깨진 관계를 되돌릴 방법이 있을까요?
      나: 한번 무너진 신뢰를 다시 이전으로 _____ 매우 힘든 일입니다.

   5) 가: 장기려 박사의 다큐멘터리를 보고 가슴이 뭉클했어요. 평생 희생하는 삶을 사신 모습에 고개가 숙여지네요.
      나: 자신을 돌보지 않고 남을 위해 _____ 쉬운 일이 아니죠. 그분의 삶의 태도는 모든 사람의 귀감이 될* 만해요.

   6) 가: 박사님, 간이 손상돼서* 고통을 받는 환자들이 많은데요. 간 기능을 회복하기 위한 좋은 방법이 없을까요?
      나: 이미 손상된 간의 기능을 _____ 쉽지 않습니다. 하지만 술을 끊으면 조금씩 회복될 수 있어요.

보습제: 피부 표면이 건조해지는 것을 막기 위하여 바르는 오일이나 크림, 로션 등의 제품.
귀감이 되다: 본받을 만한 모범이 되다.　　　　**손상되다**: 병이 들거나 다치다.

2. 다음과 같이 인터뷰 기사문을 완성해 보세요.

> 인터뷰
>
> ### 아이돌 신디를 만나다
>
> 연예계에서 오랜 시간 1) <u>살아남기란</u> 쉬운 일이 아니다. 수많은 아이돌이 데뷔하지만 그 가운데 꾸준히 대중의 관심을 받는 이는 손에 꼽힌다. 이런 가운데 10년 이상 변함없이 사랑받고 있는 아이돌 신디의 인기 비결은 무엇일까. 그녀의 솔직한 이야기를 들어 봤다.
>
> **꾸준한 인기 비결은?**
>
> 팬들에게 일상을 공유하고 꾸미지 않은 솔직한 모습을 보여 주려고 노력한다. 연예인으로서 솔직한 모습을 2) _____ 쉬운 일이 아니었지만, 용기를 내서 나의 모습을 있는 그대로 드러내니 팬들도 나를 동네 언니, 누나처럼 따르게 된 것 같다.
>
> **슬럼프에 빠진* 적이 있나?**
>
> 1년에 한 번씩은 빠지는 것 같다. 항상 좋은 곡을 3) _____ 불가능에 가깝다. 그래서 곡을 만들다가 아이디어가 떠오르지 않으면 최대한 푹 쉬려고 노력한다.

3. 위 문법을 사용하여 고민하는 친구에게 조언해 보세요.

> 한국어를 1년 넘게 공부했는데도 아직 한국 사람처럼 말하기 어려워. 난 언어에 재능이 없나 봐. 그냥 포기할까 봐.

> 1년 만에 한국어를 원어민처럼 하기란 하늘의 별 따기야. 포기하지 말고 꾸준히 연습하면 잘할 수 있을 거야.

> 다이어트 시작한 지 2주가 훨씬 넘었는데 몸무게가 그대로야. 방법이 잘못된 걸까?

> 졸업이 얼마 안 남았는데 아직도 어떤 직업을 선택할지 결정하지 못했어. 졸업은 다가오고 초조해 죽겠네.

> 소개팅을 50번도 넘게 했는데 나랑 잘 맞는 사람을 못 찾겠어. 연애는 포기해야 할까 봐.

 슬럼프에 빠지다: 자기 실력을 제대로 발휘하지 못하는 상태가 되다.

문법과 표현 4　동-게끔

1. 관계있는 것끼리 연결하고 문장을 완성해 보세요.

1) 스스로 생각하다 —— 이끌어 주는 것이 중요하다
2) 회의에 늦지 않다 · · 자리를 비켜 주다
3) 내가 다시 일어설 수 있다 · · 조립하는 영상을 홈페이지에 올려놓다
4) 사소한 문제조차 생기지 않다 · · 꼼꼼히 마무리하다
5) 두 사람이 허심탄회하게* 대화할 수 있다 · · 응원과 위로를 보내 주다
6) 초보자도 쉽게 따라 할 수 있다 · · 서두르다

1) 아이에게 지식을 주입하려는 부모들이 많다. 그러나 아이의 사고력 발달을 위해서는 <u>스스로 생각하게끔 이끌어 주는 것이 중요하다</u>.

2) 내일 오전 회의는 사장님도 참석하시니까 _____.

3) 시련이 닥쳤을 때 가족들은 _____.

4) 이번 프로젝트는 특히 중요하니까 _____.

5) 최근 작은 오해로 사이가 멀어진 민지와 해윤이가 이번 모임에 참석했다. 우리는 _____.

6) A 가구 회사는 _____.

 허심탄회하다: 생각을 터놓고 말할 만큼 아무 거리낌이 없고 솔직하다.

2. 알맞은 말을 골라 기사문을 완성해 보세요.

구매할 수 있다   다시 볼 수 있다   (자립할 수 있다)   침해받지 않다

한국대학교, 공정 무역 포럼* 실시

한국대학교는 최근 공정 무역 활성화와 확산을 위한 '제10회 대학생 공정 무역 포럼'을 진행했다. 포럼은 공정무역협회장의 발제*로 시작해 공정 무역의 특징과 공정 무역 실천 사례 등을 다룬 학생들의 발표로 이어졌다.

이상우 협회장은 공정 무역이 일방적인 원조가 아니라 생산자들이 1) _자립할 수 있게끔_ 길을 열어 주는 방식이라는 점에서 의미가 있다고 강조했다. 이 협회장은 또한 공정 무역의 원칙도 설명하였다. 첫 번째 원칙은 아이들의 학습권이 2) _____ 노동 시간을 방과 후로만 제한하는 것이다. 두 번째 원칙은 소비자가 안전한 제품을 3) _____ 독성 화학 물질을 사용하지 않고 친환경적으로 제품을 생산하는 것이다.

이 밖에도 이번 포럼에서는 공정 무역의 성과와 방향에 대해 충분한 논의가 이루어졌다. 포럼 전체 영상은 언제든지 4) _____ 한국대학교 홈페이지에 게시되어 있다.

한국대학교 기자 송빛 light@lei.ac.kr

3. 위 문법을 사용하여 정부에 요청하고 싶은 것에 대해 이야기해 보세요.

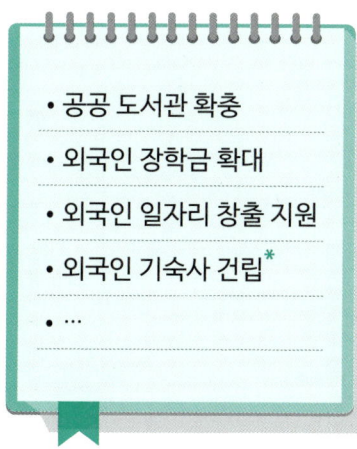

- 공공 도서관 확충
- 외국인 장학금 확대
- 외국인 일자리 창출 지원
- 외국인 기숙사 건립*
- …

공공 도서관을 더 확충했으면 좋겠습니다. 청년들의 주거 환경이 열악해 카페에 가서 공부하는 경우가 많은데 이는 경제적으로 부담이 되기 때문입니다. 저소득층 청년들도 마음껏 공부할 수 있게끔 무료로 이용할 수 있는 학습 공간을 마련해 주었으면 하는 바람입니다.

포럼: 토의 방식의 하나. 사회자의 지도 아래 한 사람 또는 여러 사람이 연설한 다음, 그에 대하여 청중이 질문하면서 토론을 진행한다.
발제: 토론 등에서 어떤 주제를 맡아 조사하고 발표함.   **건립**: 건물, 탑 등을 만들어 세움.

14 건강과 과학

- **14-1** 공중 보건
- **14-2** 유전자 이야기

14-1	어휘	감염병, 공중 보건
	문법과 표현	동-는 양, 형-은 양, 명인 양
		동형-을 판에/판이다
14-2	어휘	유전자 검사, 생명 과학
	문법과 표현	명에 지나지 않다
		동-는다고 치다, 형-다고 치다, 명이라고 치다

어휘 Vocabulary

1. 알맞은 말을 골라 문장을 완성해 보세요.

> 격리하다   대응을 강화하다   몸에 침입하다   바이러스가 전파되다
> 방역 조치를 취하다   수명이 연장되다   질병이 창궐하다

1) 남부 지방을 중심으로 무더위가 지속되고 있다. 이에 따라 정부는 폭염에 취약한 노약자의 거주지를 방문하여 안전을 확인하는 등 폭염에 대한 ___대응을 강화하였다___ .

2) 감염 환자의 침이나 콧물 등은 _____ 주요 경로인 것으로 알려져 있다.

3) 감염병의 확산을 막는 방법 중 하나는 감염 환자를 _____ 외부와 접촉하지 못하도록 하는 것이다.

4) 바이러스가 _____ 백혈구*가 이를 공격한다. 백혈구는 이 바이러스와 싸우는 법을 기억하여 동일한 바이러스가 몸에 들어왔을 때 효율적으로 대항할* 수 있다.

5) 유사 이래* 각종 _____ 5억 명 이상을 감염시킨 스페인 독감이 그중 하나이다.

6) 정부는 강원도의 한 농가에서 돼지 열병*이 발생하자 오염 지역을 소독하는 한편 외부인*의 농가 출입을 금지하는 등의 _____ .

7) 식단을 조절하면 _____ 연구 결과가 있다. 콩과 견과류를 많이 섭취하고 붉은색 육류의 섭취를 줄인 사람은 그렇지 않은 사람에 비해 10년 이상 더 오래 살았다고 한다.

백혈구: 몸속으로 침입하는 세균을 잡아먹거나 항체를 만들어 몸을 보호하는 혈액 세포.
대항하다: 지지 않으려고 맞서서 버티다.   **유사 이래**: 인류의 역사가 시작된 때로부터 지금까지.
돼지 열병: 돼지에게서 발생하는 전염성 질환.   **외부인**: 어떤 건물이나 지역의 밖에 있는 사람.

2. 알맞은 말을 골라 글을 완성해 보세요.

> 기생하다 건강을 증진하다 면역력이 떨어지다
> 바이러스가 증식하다 바이러스에 감염되다 백신을 접종하다
> 잠복기를 거치다 전염력이 높다 항체가 생기다

LET 의학 상식

세균과 바이러스

세균은 살아 있는 완전한 세포로 스스로 생명 활동을 하며 개체* 수를 늘릴 수 있다. 반면 바이러스는 반드시 살아 있는 생물체에 1) __기생해야__ 개체를 늘려 나갈 수 있다. 즉 2) _____ 위해서는 인간 또는 동물과 같은 다른 생물체를 숙주로 삼아야 한다는 것이다.

독감이란?

감기와 독감은 다르다. 감기는 계절의 구분 없이 수면 부족이나 스트레스 등으로 인해 3) _____ 걸릴 수 있는 호흡기 질환으로 증상이 비교적 가볍다. 그러나 독감은 인플루엔자라는 바이러스에 의한 급성 호흡기 질환으로 주로 가을과 겨울철에 유행한다. 독감 4) _____ 고열*, 두통, 근육통과 같은 증상이 나타난다. 감염 후 바로 증상이 나타나는 것은 아니고 보통 1~4일 정도의 5) _____. 독감 바이러스는 6) _____ 탓에 대규모 유행을 일으킬 수 있으며 일부 사람에게는 치명적일 수 있다. 그래서 특히 유아, 임산부, 65세 이상의 노인 및 환자에게는 예방을 위해 7) _____ 것을 권장한다. 접종 후 2주가 지나면 8) _____ 약 5개월 정도 예방 효과를 가지게 된다. 독감을 예방하기 위해서는 음식을 먹기 전이나 외출하고 돌아온 후에 손을 깨끗이 씻는 습관을 들여야 한다. 아울러 평소에도 적절한 운동과 영양 섭취, 스트레스 관리 등으로 9) _____ 위해 꾸준히 노력해야 한다.

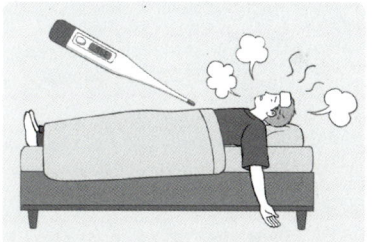

개체: 하나의 독립된 생물체. **고열**: 몸의 높은 열. 39.6~40.5℃의 열을 가리킨다.

문법과 표현 1 동-는 양, 형-은 양, 명인 양

1. 다음과 같이 대화를 완성해 보세요.

   1) 가: 김 과장이 승진하더니 좀 변한 것 같아요.
      나: 맞아요. 자기가 <u>대단한 사람이 된 양 다른 사람에게 이것저것 가르치려고 들어요</u>.
      (대단한 사람이 되다, 다른 사람에게 이것저것 가르치려고 들다)

   2) 가: 아이들 노는 모습이 정말 귀엽죠?
      나: 네. 민지도 겨우 다섯 살인데 _____ 모습이 귀여우면서도 대견하네요.
      (엄마이다, 동생을 돌보다)

   3) 가: 최 대리랑 김 대리랑 싸웠나요? 아까 두 사람이 카페에서 마주쳤는데 서로 _____
      _____.
      (못 보다, 그냥 지나가다)
      나: 네. 얼마 전 광고업체 선정을 두고 의견이 맞지 않아 심하게 다퉜어요.

   4) 가: 유진 씨 어디 갔어요?
      나: 아까 제가 교실에 들어오니까 _____.
      (급한 일이 있다, 황급히* 나가다)

   5) 가: 라엘 씨는 항상 아홉 시 정각에 출근하네요. 어떻게 그렇게 매일 정확히 아홉 시에 도착하는 걸까요?
      나: 저도 궁금해서 유심히* 봤는데 일찍 도착해도 사무실에 안 들어오더라고요. 그리고 아홉 시 정각이 되면 마치 _____.
      (그때 도착하다, 들어오다)

   6) 가: 팀장님이 이번 프로젝트를 마치 자기가 _____.
      (혼자서 다 하다, 이야기하고 다니다)
      너무 속상한데 어떻게 해야 하죠?
      나: 팀장님이 그렇게 말해도 사람들은 다 같이 한 걸 알 거예요. 신경 쓰지 마세요.

 황급히: 몹시 정신없고 급하게.   유심히: 주의 깊게.

2. 그림을 보고 다음과 같이 일기를 완성해 보세요.

크리스의 일기

5월 12일

오랜만에 여자 친구와 놀이공원에 갔다. 마치 1) <u>어린아이가 된 양</u> 즐거워하는 그녀의 모습을 보며 좀 더 자주 와야겠다고 생각했다.

5월 19일

오월의 햇살이 눈부신 하루였다. 부장님이 날씨도 좋으니 주말에 다 같이 등산 갔으면 좋겠다고 말씀하셨는데 모두 2) _____ 자기 일에 열중했다.

5월 30일

이웃집 아주머니께서 멀리까지 와서 혼자 생활하는 것이 기특하다*고 하시면서 집에 초대해 주셨다. 음식이 입에 맞지 않았지만 아주머니의 기분을 상하게 하고 싶지 않아 3) _____ 다 먹었다.

7월 1일

요즘에 한동안 일기를 쓰지 못했다. 회사 생활은 어느 정도 적응이 됐지만 여전히 타지* 생활이 외로울 때가 있다. 특별히 어떤 문제가 있는 것이 아닌데도 문득 세상에 혼자인 것 같은 외로움을 느낀다. 친구들이 혹시 무슨 문제가 있냐고 물을 때면 나는 아무 4) _____ 웃어 보인다.

3. 위 문법을 사용하여 속마음을 숨겨야 했던 경험을 이야기해 보세요.

여자 친구가 저와 헤어진 지 얼마 지나지 않아 새 애인이 생겼다는 소식을 들었어요. 가슴이 저렸지만, 친구들 앞에서는 아무렇지도 않은 양 행동했어요.

기특하다: 말이나 행동이 놀라우면서 자랑스럽고 귀엽다.   **타지**: 자기 고향이 아닌 다른 지방이나 지역.

문법과 표현 2   동형 -을 판에/판이다

1. 다음과 같이 대화를 완성해 보세요.

1) 가: 감염병과 힘겹게 사투를 벌인* 의료진의 수당을 삭감한다*는 기사가 났네요.
   나: 상을 줘도 <u>모자랄 판에</u> 수당을 줄인다는 게 말이 돼요?
   　　　　　(모자라다)

2) 가: 지금 영하 20도야. 패딩에 모자에 목도리까지 해도 _____ 얇은 코트만 입고
   　　　　　　　　　　　　　　　　　　　　　　　　　　(시원찮다*)
   나간다는 거야?
   나: 얼어 죽는 한이 있어도 패션을 포기할 수는 없어요.

3) 가: 프로젝트 마감 기한이 이번 주 금요일까지로 앞당겨진대요*.
   나: 시간을 더 줘도 _____ 시간을 줄인다니요. 이번 주까지는 절대 완성 못 할 거
   　　　　　　　　(못 끝내다)
   같은데요.

4) 가: 수입차는 부품을 구하기가 쉽지 않아요. 그래서 고장이 나면 수리하기 위해 몇 달을 _____
      _____.
      (기다려야 하다)
   나: 수입차 판매가 급증했는데 부품은 여전히 그때그때 수입해야 하니 그럴 수밖에요.

5) 가: 시장님, 이번 대통령 선거 출마를 포기하셨다면서요? 이유를 여쭤봐도 되겠습니까?
   나: 지금 감염병 방역에 온 힘을 쏟아도 시간이 _____ 대통령 선거에 관심을 가질
   　　　　　　　　　　　　　　　　　　　　　　　(부족하다)
   여유가 없어서 그랬습니다.

6) 가: 오늘 수업 끝나고 우리 집에 영화 보러 갈래? 요즘 온라인 동영상 서비스에 재미있는 영화 많던데.
   나: 내일 시험이잖아. 밤새워 시험공부를 해도 _____ 영화 볼 시간이 어딨냐?
   　　　　　　　　　　　　　　　　　　　　　　　(다 못 하다)

사투를 벌이다: 죽기를 각오하고 싸우거나 죽을힘을 다하여 싸우다.　　**삭감하다**: (주로 돈과 관련된 것을) 깎아서 줄이다.
시원찮다: 마음에 들지 않다.　　**앞당기다**: 이미 정해진 시간이나 약속을 당겨서 미리 하다.

2. 알맞은 말을 골라 대화를 완성해 보세요.

> 버리다   (아쉽다)   쫓겨나다   문을 닫다

1) 가: 어제 주택가에서 불이 났는데 불법으로 주차된 차 때문에 소방차가 진입하는 데 시간이 많이 걸렸대요.
   나: 사람을 구하려면 일분일초가 아쉬울 판에 차 한 대 때문에 시간을 허비하다니요*.

2) 가: 사거리에 A 햄버거 지점*이 생겼네요.
   나: 요즘 불황이라 장사가 잘 안돼서 있던 지점도 _____ 가게를 새로 열다니요.

3) 가: 새로 이사 갈 집에 책장 있어? 안 쓰는 책장이 있는데 줄까?
   나: 고마워. 그런데 이사 갈 집이 지금 사는 집보다 훨씬 작아서 원래 있던 가구도 _____.

4) 가: 이번 방학에 해외 연수를 가려고 하는데 같이 신청해 볼래?
   나: 지금 월세도 못 내서 살고 있는 원룸에서도 _____ 무슨 해외 연수야.

3. 위 문법을 사용하여 말이 안 되는 상황에 답답함을 느낀 경험을 이야기해 보세요.

> 조별 과제 할 때 무임승차를 하는 사람이 너무 많았어요. 다 같이 힘을 합쳐도 모자랄 판에 아무것도 안 하려는 조원들 때문에 정말 답답했어요.

허비하다: 아무 보람이나 이득이 없이 쓰다.   **지점**: 본점에서 갈라져 나온 점포.

어휘 Vocabulary

1. 알맞은 말을 골라 문장을 완성해 보세요.

> 개인 맞춤 진료   대비하다   복제하다   검사를 의뢰하다
> 난치병을 치료하다   유전자를 조작하다   장기를 이식하다

1) H 병원은 환자의 식습관부터 생활 습관까지 하나하나 관리해 주며 <u>개인 맞춤 진료</u>를 하는 것으로 유명하다.

2) 청소년 심리 상담 센터에는 청소년이 스스로 상담을 받으러 오는 경우보다는 자녀의 이상 행동을 발견한 부모가 _____ 경우가 많다.

3) 반려동물이 죽었을 때 이별의 슬픔과 상실감을 극복하기 위해 반려동물을 _____ 사람이 있다고 한다. 그러나 겉모습이 똑같아도 성격은 이전의 반려동물과 달라서 실망할 수 있으므로 신중하게 생각해야 한다.

4) 태풍이 온다는 소식이 있을 때는 집 주변에 비가 새거나 무너져 내릴 수 있는 곳이 없는지 사전에 점검해야 한다. 또한 만약의 상황에 _____ 손전등*, 비상식량*, 식수 등을 준비해 놓아야 한다.

5) 한국대학교 의과 대학에서 사람에게 돼지의 간, 심장 등의 _____ 수술에 성공하면서 관련 연구가 주목받고 있다.

6) A 연구소는 줄기세포를 이용하여 _____ 방법을 개발했다고 공식적으로 발표했다. 연구소장 김은실 박사는 그동안 치료법이 없어 오랜 시간 고통받던 환자들에게 이 치료법이 새로운 희망이 될 것이라고 밝혔다.

7) 지엠오(GMO) 식품*은 _____ 만든 것으로 소비자의 기호에 맞게 품종을 개발할 수 있다는 장점이 있다.

손전등: 가지고 다닐 수 있는 작은 전등.　　**비상식량**: 긴급한 사태가 일어났을 때에 쓰기 위하여 마련하여 둔 식량.
지엠오(GMO) 식품: 한 생물체의 유전자를 가져다가 그 유전자를 갖고 있지 않은 다른 생물체에 넣어서 만든 식품.

2. 알맞은 말을 골라 글을 완성해 보세요.

> 조기 진단   유전적 요인   환경적 요인   ~~검사를 시행하다~~   발병 확률을 낮추다

LEI 의학 상식

위암

위암은 국내에서 흔히 발병하는 암이다. 발병 초기에는 아무런 증상이 없어서 위암이 상당히 진행된 후에 소화 불량* 등으로 내시경* 1) _검사를 시행하다가_ 우연히 발견되는 경우가 많다. 따라서 위암의 2) _____ 을 위해서는 증상이 없더라도 2년마다 인증된 의료 기관에서 위내시경 검사를 받아야 한다. 위암은 태어날 때부터 지니고 있는 3) _____ 보다 4) _____ 에 더 영향을 더 많이 받기 때문에 예방이 가능하다. 즉 평상시 짜게 먹지 않는 올바른 식습관과 꾸준한 운동으로 5) _____ 수 있다.

3. 빈칸에 알맞은 말을 넣어 보세요.

		b 조	가	치			e 나	
					d			
다	a				라			
			c	마				

가로 열쇠 →

가. 사태에 대한 적절한 대책. 예 ○○를 취하다.
나. 수준이나 품질, 수량 등이 서로 벌어진 차이.
다. 규칙, 법률을 지키다. 예 생명 윤리를 ○○○○.
라. 다른 곳으로 옮겨지다.
마. 암컷의 생식 세포.

세로 열쇠 ↓

a. 살아 있는 기간. 예 ○○을 연장하다.
b. 의도적으로 순서나 성질을 바꾸다. 예 유전자를 ○○○○.
c. 임신하기 어려운 일.
d. 생물체 각각의 특징을 드러나게 하는 요인으로 위 세대에서 아래 세대로 전달된다는 특징이 있다.
e. 전염병 환자나 면역력이 약한 환자를 다른 곳으로 떼어 놓다.

 소화 불량: 음식을 먹은 후 소화가 안 되는 증상.   **내시경**: 신체의 내부를 관찰하는 데 쓰는 의료 기구.

문법과 표현 3 — 명에 지나지 않다

1. 다음과 같이 문장을 완성해 보세요.

1) 현재 전 세계 곳곳에서 일어나고 있는 폭염, 혹한 등의 <u>이상 기후는 인류에게 닥칠 재앙의 예고편에</u>
   (이상 기후, 인류에게 닥칠 재앙*의 예고편*)
   <u>지나지 않는다</u>.

2) _____. 곧이어 다시 경기가 회복될 것이라는 전망이
   (경기 불황, 일시적인 현상)
   우세합니다*.

3) 우리 할아버지는 80대인데도 사회적으로 활발하게 활동하신다. _____
   (나이, 숫자)
   것을 보여 주는 대표적인 분이시다.

4) 사람들은 이번 사건이 미칠 파장에 대해 많은 걱정을 하고 있다. 그러나 내가 보건대 _____
   _____.
   (이번 사건, 사소한 문제)

5) 비정규직 근로자와 정규직 근로자의 임금 격차가 큰 폭으로 벌어져 현재 _____
   _____.
   (비정규직 근로자의 월 평균 임금, 정규직 근로자 임금의 절반)

6) 회사가 집에서 멀어서 _____.
   (못 다니겠다고 말하는 것, 핑계)
   훨씬 더 먼 거리에 살면서 잘 다니는 사람들도 많기 때문이다.

재앙: 뜻하지 않게 생긴 불행한 사고.   **예고편**: (비유적으로) 이후에 일어날 사건을 미리 알려 주는 것.
우세하다: 상대편보다 힘이나 세력이 강하다.

2. 다음과 같이 글을 완성해 보세요.

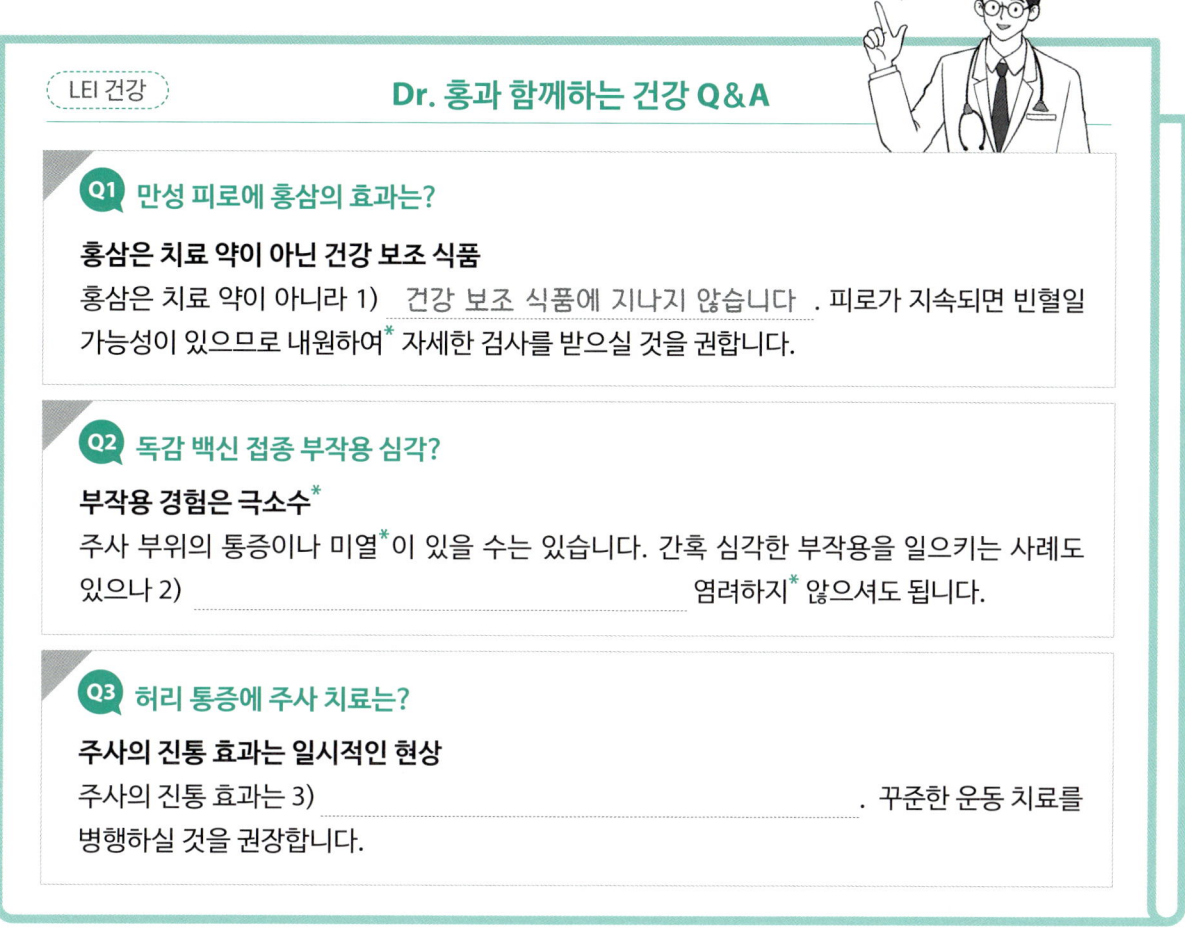

> **LEI 건강**
>
> ### Dr. 홍과 함께하는 건강 Q&A
>
> **Q1 만성 피로에 홍삼의 효과는?**
>
> **홍삼은 치료 약이 아닌 건강 보조 식품**
>
> 홍삼은 치료 약이 아니라 1) _건강 보조 식품에 지나지 않습니다_ . 피로가 지속되면 빈혈일 가능성이 있으므로 내원하여* 자세한 검사를 받으실 것을 권합니다.
>
> **Q2 독감 백신 접종 부작용 심각?**
>
> **부작용 경험은 극소수***
>
> 주사 부위의 통증이나 미열*이 있을 수는 있습니다. 간혹 심각한 부작용을 일으키는 사례도 있으나 2) _____ 염려하지* 않으셔도 됩니다.
>
> **Q3 허리 통증에 주사 치료는?**
>
> **주사의 진통 효과는 일시적인 현상**
>
> 주사의 진통 효과는 3) _____ . 꾸준한 운동 치료를 병행하실 것을 권장합니다.

3. 위 문법을 사용하여 그래프를 설명해 보세요.

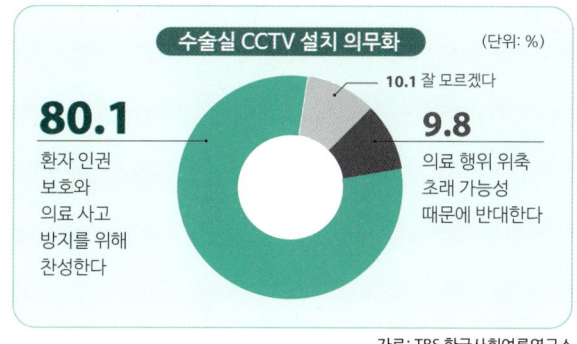

> TBS 한국사회여론연구소가 성인 남녀 500명을 대상으로 수술실의 CCTV 설치 의무화에 대해 설문 조사를 실시했습니다. 조사 결과 찬성은 80.1%에 달했으며 반대 의견은 9.8%에 지나지 않았습니다. 찬성하는 이유로는….

내원하다: 환자가 치료를 받기 위하여 병원에 찾아오다.
미열: 그다지 높지 않은 몸의 열.
극소수: 아주 적은 수.
염려하다: 앞으로 생길 일에 대해 불안해하고 걱정하다.

문법과 표현 4 동-는다고 치다, 형-다고 치다, 명이라고 치다

1. 관계있는 것끼리 연결하고 문장을 완성해 보세요.

   1) 성수기이다 • • 국민의 어려움이 근본적으로 해결되지 않다
   2) 후반전에 다섯 골을 넣다 • • 하룻밤 숙박비가 100만 원이 넘지는 않다
   3) 지금 바로 출발하다 • • 경기에 이길 수 없다
   4) 세금을 감면해 주다 • • 연주회가 시작되기 전에 도착할 수 없다
   5) 실력이 뛰어나다 • • 대인 관계가 원만하지 못하면 회사 생활을 잘하기 어렵다

   1) 지금이 <u>성수기라고 쳐도 하룻밤 숙박비가 100만 원이 넘지는 않을 것이다</u> .

   2) 전반전이 끝난 시점에서 이미 1:6으로 상대 팀이 크게 앞서 있는 터라 우리 팀이 _____ .

   3) 공연 시작 시간이 15분밖에 안 남았으니까 _____ .

   4) 정부는 불경기로 인해 경제적으로 어려움을 겪고 있는 국민들에게 세금을 감면해 준다는 정책을 발표했다. 하지만 불경기는 세계적인 추세라 일시적으로 _____ .

   5) 다른 직원들과의 관계가 좋지 않아도 업무 능력만 있으면 문제없다고 생각하는 구직자들이 있다. 그러나 상당수의 업무가 팀원 간의 협력으로 이루어지기 때문에 _____ .

2. 다음과 같이 대화를 완성해 보세요.

1) 가: 이번 학기에 6급을 수료할 수 있을 것 같아요?
   나: 중간시험에서 65점을 받았지만 기말시험에서 75점을 <u>받는다고 치면</u> 6급을 수료할 수 있어요. 그래서 기말시험 전까지 열심히 공부하려고 해요.

2) 가: 피자는 몇 판 주문해야 할까요?
   나: 한 사람이 세 조각씩 _____ 두 판은 필요하겠네요.

3) 가: 만약 타임머신이 개발된다면 어느 시대로 가 보고 싶어요?
   나: 타임머신이요? 타임머신은 없다고 생각하지만 _____ 10년 전으로 가 보고 싶어요.

4) 가: 나 어제 아이돌 다유한테 앨범을 받았어.
   나: 거짓말, 다유가 너한테 앨범을 왜 줘? 그래, _____. 다유가 너한테 뭐라고 하면서 앨범을 줬는데?

5) 가: 전 여자 친구한테서 다시 만나자고 연락이 왔어. 한번 다시 만나 볼까?
   나: 다시 _____. 그럼 행복할 것 같아? 같은 이유로 괴로워하다가 또 헤어질걸.

3. 위 문법을 사용하여 이야기해 보세요.

> • 한 달에 ○○원씩 저축한다고 치면 10년 후에는 뭘 살 수 있을까요?
> • 한 달 동안 한국에서 여행한다고 치면 얼마가 필요할까요?
> • 일주일에 ○○을 하나씩 먹었다고 치고 지금까지 먹은 ○○의 수를 계산해 보세요.

한 달에 100만 원씩 저축한다고 치면 10년이면 1억 2천만 원이네요. 그 돈으로 세계 여행을 하고 싶어요.

복습 7

어휘 Vocabulary

정리하기

다음에서 알고 있는 어휘에 ✔ 해 보세요.

13-1과

저임금 ☐	포용하다 ☐	근무 시간을 제한하다 ☐
고용 불안정 ☐	차별을 없애다 ☐	근무 환경을 개선하다 ☐
장시간 노동 ☐	경쟁을 부추기다 ☐	최저 임금을 인상하다 ☐
1등 지상주의 ☐	예산을 투입하다 ☐	사회 안전망을 확충하다 ☐
외모 지상주의 ☐	제도를 보완하다 ☐	일과 삶의 균형을 맞추다 ☐
학벌 지상주의 ☐	사각지대에 놓이다 ☐	

13-2과

양극화 ☐	빈부/소득 격차 ☐	격차를 줄이다 ☐
고소득층/저소득층 ☐	계층 이동 사다리 ☐	기초 연금을 수급하다 ☐
부유층/중산층/빈곤층 ☐	부익부 빈익빈 현상 ☐	복지 정책을 실시하다 ☐
계층 상승 ☐	상대적/절대적 빈곤 ☐	최저 생계비를 지원하다 ☐
기회의 평등 ☐	빈곤의 악순환/대물림 ☐	불평등이 심화되다/완화되다 ☐

14-1과

감염병/전염병 ☐	백신을 접종하다 ☐	바이러스가 증식하다 ☐
변이/변종 바이러스 ☐	수명이 연장되다 ☐	감염력/전염력이 높다 ☐
격리하다 ☐	잠복기를 거치다 ☐	바이러스가 전이/전파되다 ☐
기생하다 ☐	질병이 창궐하다 ☐	세균/바이러스에 감염되다 ☐
몸에 침입하다 ☐	면역력이 떨어지다 ☐	대응을 강화하다/
항체가 생기다 ☐	팬데믹을 선포하다 ☐	대응 수위를 높이다 ☐
건강을 증진하다 ☐	방역 조치를 취하다 ☐	

14-2과

조기 진단 ☐	가족력이 있다 ☐	유전자를 조작하다 ☐
개인 맞춤 진료 ☐	검사를 시행하다 ☐	발병 확률을 낮추다 ☐
유전적/환경적 요인 ☐	검사를 의뢰하다 ☐	생명의 존엄성을 훼손하다 ☐
대비하다 ☐	장기를 이식하다 ☐	생명/연구 윤리를 준수하다 ☐
복제하다 ☐	난치병을 치료하다 ☐	

> 평가하기

[1~5] 다음 ( )에 들어갈 가장 알맞은 것을 고르세요.

1.

외적인 아름다움만을 중시하는 (　　　) 지상주의 때문에 성형 수술을 받는 사람들이 증가하고 있다.

① 1등　　　　② 외모　　　　③ 자본　　　　④ 학벌

2.

한국은 OECD 국가 중 평균 노동 시간이 제일 길다고 한다. 이런 (　　　) 탓에 우울증 환자 증가 등 여러 사회 문제가 일어나고 있다.

① 양극화　　　② 저임금　　　③ 상대적 빈곤　　　④ 장시간 노동

3.

감염병 확진자가 급증하자 정부는 대응 수위를 (　　　).

① 높였다　　　② 없앴다　　　③ 줄였다　　　④ 부추겼다

4.

국민들의 '저녁이 있는 삶'을 보장하기 위해 정부는 근무 시간을 (　　　) 정책을 마련했다.

① 보완하는　　② 제한하는　　③ 증진하는　　④ 확충하는

5.

주장을 먼저 제시하고 그 뒤에 근거를 제시하는 것을 (　　　) 전개라고 한다.

① 귀납적　　　② 대조적　　　③ 연역적　　　④ 주관적

[6~10] 다음 밑줄 친 부분과 의미가 비슷한 것을 고르세요.

6. 서로의 다름을 인정하고 너그럽게 감싸 안는 사회를 이루기 위해서는 개개인의 공감 능력을 길러야 한다.

① 방어하는
② 배제하는
③ 포괄하는
④ 포용하는

7. 코로나19가 확산되자 세계보건기구(WHO)는 팬데믹을 공식적으로 알렸다.

① 부각했다
② 선포했다
③ 완화했다
④ 확장했다

8. 만 65세가 넘으면 국가에서 기초 연금을 받을 수 있다.

① 공급할
② 수급할
③ 지급할
④ 지출할

9. 우리 대학원에서는 항상 연구 윤리를 지키고 있습니다.

① 기반하고
② 실시하고
③ 준수하고
④ 지원하고

10. 그 회사는 영업 비밀을 지키기 위해 외부인의 출입을 막았다.

① 대비했다
② 봉쇄했다
③ 시행했다
④ 완화했다

[11~13] 다음 (   )에 공통적으로 들어갈 단어를 고르세요.

11.

- 지하철 개통은 이 지역의 교통 체증을 크게 (   ).
- 지속적으로 대화를 시도하는 것이 남북한의 긴장을 (   ) 수 있는 최선의 방법이다.
- 이 약은 바이러스의 근본적인 치료제는 아니고 단순히 증상을 (   ) 역할만 할 뿐이다.

① 풀리다　　　② 고조하다　　　③ 완화하다　　　④ 치유하다

12.

- 원화 가치가 상승하면서 수출업체들의 가격 경쟁력이 (   ).
- 기온이 급격히 낮아지면 몸이 온도 차에 적응하지 못해서 면역력이 (   ).
- 학생들은 비대면 수업의 단점으로 대면 수업보다 집중력이 (   ) 점을 들었다.

① 떨어지다　　　② 올라가다　　　③ 인하되다　　　④ 증가하다

13.

- 나는 서울에서 대전을 (   ) 부산으로 향했다.
- 독감은 1~3일간의 잠복기를 (   ) 발병하는 경우가 일반적이다.
- 강영우 박사는 일리노이주 특수교육국장을 (   ) 국가장애위원회 정책 차관보가 되었다.

① 거치다　　　② 다루다　　　③ 미루다　　　④ 통하다

[14~15] 밑줄 친 부분이 어색한 것을 고르세요.

14.　① 두 사람은 서로 조금도 양보하지 않고 의견을 타협했다.
　　　② 사회자는 모든 토론자가 말할 수 있도록 시간을 안배했다.
　　　③ 영수가 중간에서 잘 중재해서 두 친구는 화해할 수 있었다.
　　　④ 모든 토론자의 이야기가 끝난 후 사회자가 의견을 종합했다.

15.　① 현실에 안주하면 더 이상 성장할 수 없다.
　　　② 한류 덕분에 한국의 전통문화도 해외로 전파되었다.
　　　③ 그는 대통령의 업적을 칭찬하는 기사를 써서 명예를 훼손했다.
　　　④ 우리 집에 침입해 돈을 훔쳐 간 도둑을 잡기 위해 경찰에 신고했다.

문법과 표현
Grammar & Expression

▶ 정리하기

✏️ 다음에서 알고 있는 문법과 표현에 ✔ 해 보세요.

13-1과

동형-을 턱이 없다, 명일 턱이 없다	☐ 진수 씨처럼 꼼꼼한 사람이 **실수할 턱이 없어요**.
동형-건 (간에)	☐ 내가 무슨 일을 **하건 간에** 우리 부모님은 나를 항상 응원해 주신다.

13-2과

동-기란	☐ 과학 원리를 아이들에게 쉽게 **설명하기란** 여간 어렵지 않다.
동-게끔	☐ 아이들이 공부에 흥미를 **갖게끔** 게임을 활용해서 수업을 진행해 보세요.

14-1과

동-는 양, 형-은 양, 명인 양	☐ 다친 무릎이 꽤 아팠지만 **괜찮은 양** 그냥 걸어갔다.
동형-을 판에/판이다	☐ 밤새도록 공부해도 **시원찮을 판에** 놀러 갔다니 어이가 없네.

14-2과

명에 지나지 않다	☐ 나이는 **숫자에 지나지 않는다**.
동-는다고 치다, 형-다고 치다, 명이라고 치다	☐ 평균 수명이 **80세라고 치면** 나는 이미 인생의 절반을 산 셈이다.

▶ 평가하기

[1~2] 다음 (   )에 들어갈 가장 알맞은 것을 고르세요.

1.
> 일은 인생의 한 부분에 (   ). 취미도 즐기면서 살아야 인생이 행복할 것이다.

① 지날 성싶다   ② 지나지 않는다
③ 지나기 일쑤이다   ④ 지나는 게 고작이다

2.

| 할 일이 너무 많아서 매일 열두 시간씩 (　　　) 다 끝내려면 일주일이 걸릴 것 같다. |

① 일하려다가도　　　　　　② 일하는 까닭에
③ 일한다고 쳐도　　　　　　④ 일한 후에야 비로소

[3~4] 다음 밑줄 친 부분과 의미가 비슷한 것을 고르세요.

3.

| 선생님, 너무 글씨가 작아서 안 보여요. 글씨가 잘 보이도록 크게 써 주세요. |

① 보이게끔　　　　　　　　② 보이기에는
③ 보이는지라　　　　　　　④ 보일지라도

4.

| 혼자서 한국어를 공부하는 것은 여간 어렵지 않다. |

① 공부하기란　　　　　　　② 공부하노라면
③ 공부해 온 터라　　　　　④ 공부할지언정

[5~7] 알맞은 표현을 골라서 대화를 완성하세요.

| -건 간에　　　-는 양　　　-을 턱이 없다　　　-을 판에 |

5. 가: 이번에 민수가 장학금을 받았다는데?
　 나: 설마. 민수는 나랑 맨날 게임만 했는데 장학금을 _____.

6. 가: 시아 씨는 휴가 언제 가요?
　 나: 해야 할 일이 너무 많아서 주말에도 _____ 휴가가 다 뭐예요?

7. 가: 내일이 시험인데 공부 안 해?
　 나: 네가 우리 엄마냐? 내가 _____ 신경 쓰지 마.

듣기 Listening

[1] 다음을 듣고 질문에 답하세요.

1. 무엇에 대해 이야기하고 있는지 고르세요.

① 유전자 검사의 효과와 부작용
② 유전자 검사의 유행과 주의점
③ 건강과 유전자 검사의 상관관계
④ 유전자 검사의 비용을 줄이는 방법

[2~3] 다음 강연을 듣고 질문에 답하세요.

2. 여자의 중심 생각으로 알맞은 것을 고르세요.

① 클론을 인간으로 인정해야 한다.
② 클론 기술의 발달은 빈부 격차를 해소할 것이다.
③ 인간 복제 기술은 수명 연장을 위해 꼭 필요하다.
④ 인간 복제 기술이 가져올 문제에 대해 잘 생각해 봐야 한다.

3. 여자의 태도로 가장 알맞은 것을 고르세요.

① 질문을 던지면서 청중의 주의를 끌고 있다.
② 조사 자료를 통해 자신의 입장을 뒷받침하고 있다.
③ 실제 사례를 들어 반대 입장에 대해 반박하고 있다.
④ 영화 분석을 바탕으로 자신의 주장을 내세우고 있다.

[4~5] 다음 경제 프로그램을 듣고 질문에 답하세요.

4. 사람들이 빈부 격차가 심해지고 있다고 느끼는 이유에 대한 남자의 생각으로 알맞은 것을 고르세요.

① 돈을 많이 번 다른 사람들과 비교하기 때문에
② 투자 정보에 대한 접근에 차이가 생겼기 때문에
③ 실제로 가난에 시달리는 사람들이 많아졌기 때문에
④ 더 이상 주식 투자로 큰돈을 벌기 힘들어졌기 때문에

5. 들은 내용과 일치하는 것을 고르세요.

① 2011년 이후 지니 계수는 높아지고 있다.
② 앞으로 한국의 지니 계수는 하락할 것이다.
③ 지니 계수가 높을수록 빈부 격차가 작은 사회이다.
④ 지니 계수는 소득 분배의 불균형 수치를 나타내는 지표이다.

 클론(clone): 단일 세포 또는 개체로부터 무성 증식으로 생긴, 유전적으로 동일한 세포군. 또는 그런 개체군.

읽기 Reading

[1~2] 다음 글을 읽고 질문에 답하세요.

> 코로나19 바이러스로 인해 전 세계에 질병이 창궐하자, 세계는 코로나 백신 개발을 서둘렀다. 그런데 막상 백신이 개발되자 일반 시민들은 물론이고 전문가들 사이에서도 백신 접종에 대한 의견이 갈렸다. 한편에서는 백신을 맞는 것이 자신의 안전을 지키는 방법일 뿐 아니라 다른 사람을 위한 배려라고 주장했다. 그러나 다른 한편에서는 급하게 만들어 안전성도 확실하지 않은 백신을 맞는 것은 불안하다며 백신 거부 운동까지 벌였다. 게다가 원치 않아도 강제로 백신을 맞아야 하는 경우도 있어 논란이 심화되었다. 직원이 백신을 맞지 않으면 출근하지 못하게 하는 방침을 세운 회사도 있었고 해외 출장도 사실상 불가능했기 때문이다. 백신을 안 맞은 사람은 식당이나 카페에 들어갈 수 없는 시기도 있었다. 그래서 사람들은 불안에 떨면서도 어쩔 수 없이 백신을 맞아야만 했다. 공식적으로 백신 접종은 개인의 선택이었으나 사실상 강제로 맞아야 하는 것이나 마찬가지라며 불만을 품는 사람들도 있었다.

1. 이 글의 제목으로 알맞은 것을 고르세요.
   ① 코로나 백신 접종의 효과
   ② 코로나 백신 접종의 부작용
   ③ 코로나 백신 개발의 문제점
   ④ 코로나 백신 접종에 대한 논란

2. 이 글의 내용과 일치하는 것을 고르세요.
   ① 코로나 백신이 개발되자 모든 사람이 환영했다.
   ② 코로나 백신을 거부한 사람은 지금도 식당에 못 들어간다.
   ③ 코로나 백신을 맞지 않으면 출근하지 못하는 경우도 있었다.
   ④ 코로나 백신 접종에 대한 선택의 자유는 공식적으로 주어지지 않았다.

[3~5] 다음 글을 읽고 질문에 답하세요.

> "한국은 세계 10대 경제 대국이라는데 제 삶은 왜 이럴까요?"
> 요즘 이런 이야기를 자주 듣는다. 특히 희망에 가득 차 있어야 할 젊은 세대일수록 이런 말을 많이 한다. 그렇다고 해서 기성세대는 행복한가 하면 그렇지도 않다. 나라의 경제 발전을 위해 열심히 살아왔는데 남은 것은 고독뿐이라는 자조적*인 한탄*을 한다. 이런 것을 보면 한국의 삶의 만족도가 OECD 국가 중 하위권이라는 말이 과장은 아닌 듯하다.

 　자조적: 자기를 비웃는 듯한 (것).
　한탄: 분하고 억울한 일을 당했을 때나 자기 잘못을 깨달았을 때 한숨을 쉬며 탄식함. 또는 그런 한숨.

그렇다면 한국인의 삶의 만족도는 왜 이렇게 낮은 것일까? 필자는 사회적 인식의 문제라고 생각한다. 경제적인 측면에서 보면 한국은 이미 선진국이 되었는데 대중의 인식이 쫓아가지 못하고 있는 것이다. 예를 들면 이제 남성도 법적으로 육아 휴직을 사용할 수 있음에도 불구하고 "남자가 무슨 육아 휴직이야."라는 인식이 아직 남아 있다. 또한 정부에서 '저녁이 있는 삶'을 위해 근로 시간을 제한하는 법을 시행하고 있지만 실제로는 상사의 눈치가 보이거나 업무가 과중해서* 퇴근을 못 하는 경우도 많다. 다시 말해 법은 있는데 사회적 인식이 그 법을 이용하지 못하게 하는 것이다.

혹자는 '놀 거 다 놀고 쉴 거 다 쉬면 일은 언제 하고 경제 발전은 언제 하느냐'고 반문하기도 한다. <u>하지만 정부에서 법적으로 보장해 준 권리조차 누리지 못하는 사회에서 누가 일을 열심히 하고 싶겠는가.</u> 정당한 권리를 보장받아야 그만큼 업무 의욕이 생겨 생산성도 늘어나는 것이다. 기본적인 권리를 보장받으면서 효율적으로 일하는 쪽과 권리를 반강제*로 포기하고 마지못해* 업무를 하는 쪽, 과연 어느 쪽의 사회가 더 발전할 수 있을지 잘 생각해 봐야 할 것이다.

3. 이 글을 쓴 목적으로 알맞은 것을 고르세요.

① 삶의 만족도를 올리기 위한 법의 제정을 정부에 요청하기 위해
② 삶의 만족도를 올리기 위해 인식의 전환이 필요함을 주장하기 위해
③ 삶의 만족도와 업무 생산성의 상관관계를 구체적으로 제시하기 위해
④ 삶의 만족도에 있어 한국이 OECD 국가 중 하위권이라는 정보를 알리기 위해

4. 이 글의 내용과 일치하는 것을 고르세요.

① 기성세대는 젊은 세대에 비해 행복하다고 느낀다.
② 한국은 경제적으로 보면 아직 선진국에 들지 못했다.
③ 한국의 남성은 육아 휴직을 사용할 법적 권리가 없다.
④ 한국에서는 근로 시간의 상한선*이 법으로 정해져 있다.

5. 밑줄 친 부분에 나타난 글쓴이의 태도로 알맞은 것을 고르세요.

① 자기 삶을 부정적으로 보는 청년을 꾸중하고* 있다.
② 직장인의 권리를 보장하지 않는 사회를 지적하고 있다.
③ 법을 무시하는 기업을 감시하지 못하는 정부를 비난하고 있다.
④ 눈치를 보며 권리를 주장하지 못하는 직장인들을 염려하고 있다.

과중하다: 부담이 지나쳐 감당하기 어렵다.　　**반강제**: 남의 자유의사를 억눌러 원하지 않는 일을 거의 억지로 시킴.
마지못하다: 하고 싶지 않지만 하지 않을 수 없다.　　**상한선**: 더 이상 올라갈 수 없는 한계선.
꾸중하다: 아랫사람의 잘못을 꾸짖다.

쓰기 Writing

✏️ **다음 주제로 글을 쓰세요. (600~700자)**

생명 복제 기술에 대해 찬반 의견이 대립하고 있습니다. 찬성 측은 난치병 치료 등의 혜택을 가져올 생명 복제 기술을 희망적으로 보는 반면, 반대 측은 생명 복제로 인해 생길 윤리적 문제를 비판합니다. 생명 복제에 대한 입장을 정하여 여러분의 생각을 써 보세요.

말하기 과제
Speaking Task

✎ **한국 또는 여러분 고향의 사회 문제를 조사해서 카드 뉴스를 만들고, 그 내용을 설명해 봅시다.**

준비하기

1. 최근 한국 또는 여러분 고향의 사회 문제와 관련된 뉴스를 찾고 뉴스의 제목을 써 보세요.

2. 3~4명이 한 조가 됩니다. 찾은 뉴스를 비교하고 어떤 뉴스를 소재로 할 것인지 정해 보세요.

활동하기

1. 정해진 소재에 대해 자료를 찾고, 주제를 정해 보세요.

2. 찾은 자료 중 가장 핵심적인 내용이 무엇인지 조원들과 이야기하고 정리해 보세요.

주제	
핵심적인 내용	

3. 카드 뉴스를 구성해 보세요.

페이지	자료(그림/사진/그래프 등)	글
1		
2		
3		
4		
5		
6		

4. 카드 뉴스를 만들어 보세요.

[발표하기] 완성된 카드 뉴스를 다른 학생들에게 보여 주고 내용을 설명해 보세요.

[보기]

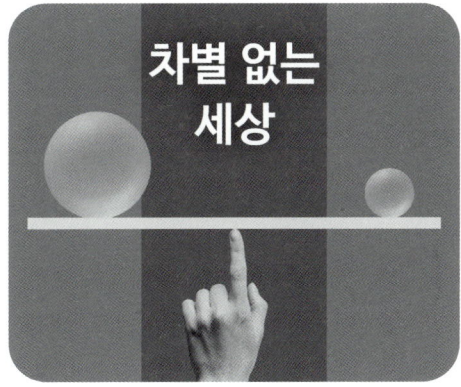

[평가하기] 어느 조의 카드 뉴스가 사회 문제에 대한 정보를 가장 잘 전달했습니까? 다른 조의 카드 뉴스에서 새롭게 알게 된 사실을 이야기해 보세요.

15 법과 제도

- **15-1** 생활 속의 법
- **15-2** 공공의 이익

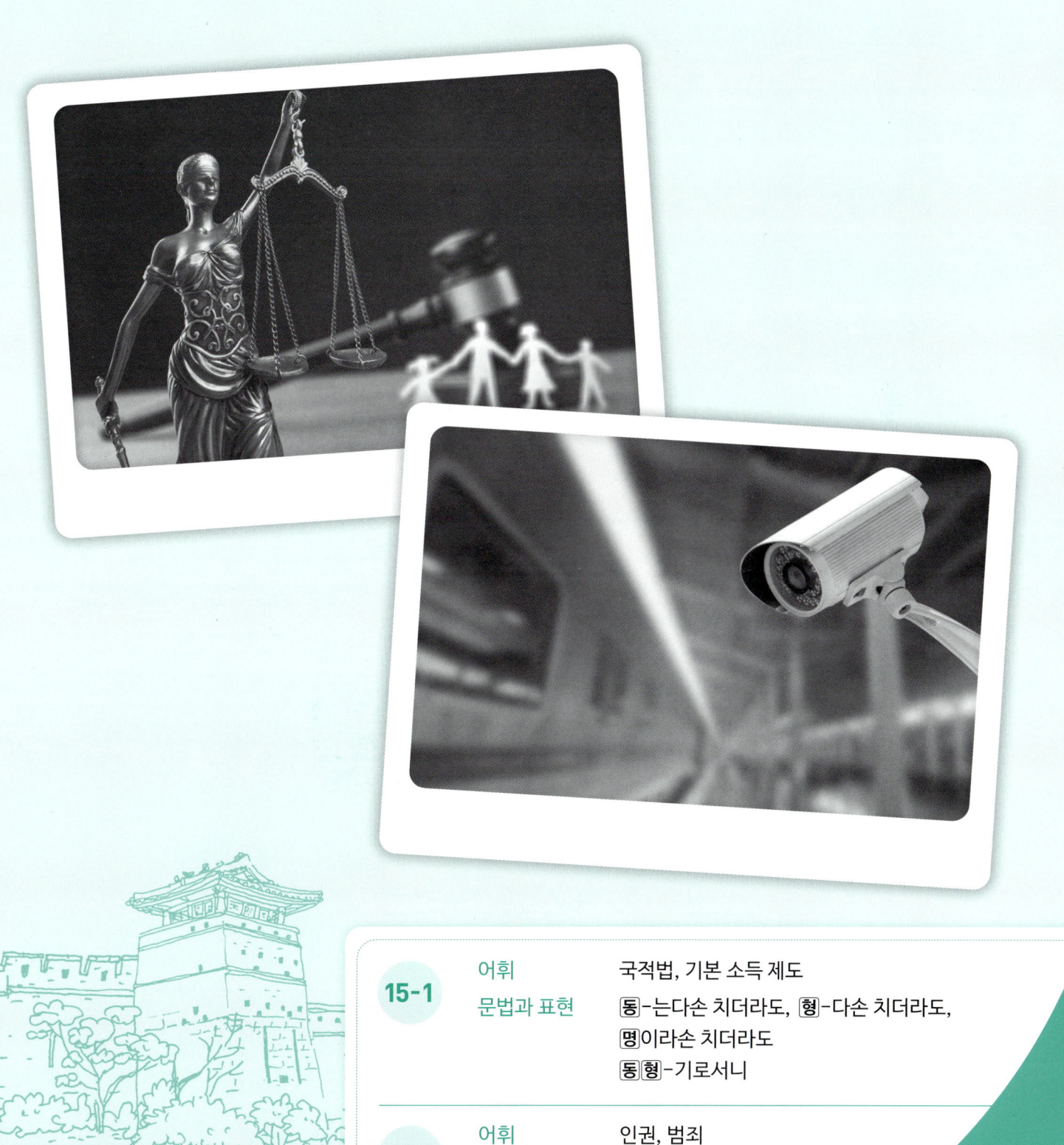

	어휘	국적법, 기본 소득 제도
15-1	문법과 표현	동-는다손 치더라도, 형-다손 치더라도, 명이라손 치더라도
		동형-기로서니
15-2	어휘	인권, 범죄
	문법과 표현	동-는 격이다, 형-은 격이다
		동-느니만 못하다

어휘 Vocabulary

1. 관계있는 것끼리 연결하고 문장을 완성해 보세요.

귀화하다 •	• 형편이 어려운 사람 등을 금전적으로 지원하다
국익에 기여하다 •	• 인간이 태어날 때부터 가지고 있는 기본적인 권리를 보호하다
국적을 상실하다 •	• 다른 나라의 국적을 얻어 그 나라의 국민이 되다
기본권을 보장하다 •	• 한 나라의 국민으로서의 법적인 권리와 의무를 잃다
지원금을 지급하다 •	• 국가의 이익에 도움이 되다

1) 세계적으로 유명한 케이 팝 가수들은 한국을 널리 알렸다는 점에서 <u>국익에 기여했다고</u> 볼 수 있다.

2) 한국으로 _____ 위해서는 일반적으로 한국에 5년 이상 거주해야 하며 대한민국 국민으로서 기본 소양*을 갖추고 있어야 한다.

3) 대한민국은 기본적으로 복수 국적을 허용하지 않기 때문에 대한민국 국민이 외국 국적을 취득할 경우 일부 예외를 제외하고는 자동으로 대한민국의 _____ 된다.

4) 대한민국 헌법은 인간의 존엄과 가치 및 행복 추구권을 기초로 하여 평등권, 자유권 등 국민의 _____ 있다.

5) 정부는 태풍으로 피해를 입은 농민들에게 _____ 한편 재해 복구 지원 활동을 위한 자원봉사자를 모집했다.

소양: 평소 닦아 놓은 학문이나 지식.

2. 알맞은 말을 골라 글을 완성해 보세요.

증세하다   비용을 충당하다   의욕을 떨어뜨리다   (제도를 도입하다)

기본 소득, 모두에게 필요하다

로봇이 사람의 일자리를 대체하는 요즘, 인간다운 삶을 보장하는 기본 소득 1) 제도를 도입하는 것이 꼭 필요하다. 기본 소득 제도가 노동에 대한 2) _____ 의견도 있으나 이러한 주장에는 논쟁의 여지가 있다. 기본 소득 제도를 통해 금전적인 여유가 생긴 노동자는 자기 계발과 발전을 통해 업무 수행 능력을 높일 수 있기 때문이다. 다만 기본 소득 제도를 운영하기 위한 3) _____ 위해서는 10% 이상 4) _____ 할 것이다.

3. 그림을 보고 알맞은 말을 골라 문장을 완성해 보세요.

서약하다   (선서하다)   체류하다

1)  졸업을 앞둔 간호학과 학생들은 인간의 생명을 존중하며 간호직에 최선을 다할 것을 여러 사람 앞에서 선서했다.

2)  한국에 유학 와서 _____ 동안 한식 조리사 자격증을 땄다.

3)  결혼식에는 신랑과 신부가 여러 사람 앞에서 혼인을 _____ 절차가 있다.

문법과 표현 1   동-는다손 치더라도, 형-다손 치더라도, 명이라손 치더라도

1. 다음과 같이 대화를 완성해 보세요.

   1) 가: 닛쿤이 이번 오디션은 합격할 가능성이 낮다고 그냥 포기하겠대요.
      나: <u>가능성이 낮다손 치더라도</u> 도전도 해 보지 않고 포기하면 안 되죠.

   2) 가: 민재 씨가 요즘 주식으로 돈을 좀 벌었는지 낭비가 심하네요.
      나: 아무리 돈을 많이 _____ 돈을 물 쓰듯이 쓰는 건 안 되지요.

   3) 가: 정 대리님이 김 과장님과 크게 싸웠다는 소문 들었어요? 정 대리님이 너무 화가 나서 더 이상 회사를 못 다니겠다고 하면서 사표를 냈대요.
      나: 아무리 _____ 어렵게 들어간 회사인데 너무 성급한* 결정 아닐까요?

   4) 가: 하루에 블랙커피를 세 잔 이상 마시면 당뇨병 예방에 효과가 있다던데 커피를 마음껏 마셔도 될까요?
      나: 당뇨병 예방에 _____ 과도한 카페인 섭취는 건강을 해치니* 적당량만 마시는 것이 좋습니다.

   5) 가: 가수가 되고 싶은데 부모님이 반대하실까 봐 망설여져.
      나: 부모님이 _____ 네가 정말 하고 싶은 일이라면 포기하지 마.

   6) 가: 요즘은 ESG 경영이 대세라 소비자들이 가격보다는 기업의 이미지를 더 중요하게 생각한다고 해요.
      나: 네. 물건값이 조금 _____ 착한 기업의 제품이라면 소비자들이 지갑을 쉽게 열죠.

성급하다: 차분하거나 침착하지 않고 급하다.   **해치다**: 사람의 마음이나 몸에 해를 입히다.

2. 신문 기사의 제목을 보고 반대하는 의견을 이야기해 보세요.

1) **LEI 신문**
   경기 침체로 작년보다 세금 줄어 저소득층 지원 예산 삭감
   경제적으로 어려운 계층의 생계가 위협받을 것이라는 우려도…

   > 아무리 경기 침체로 세금이 줄었다손 치더라도 저소득층 지원 예산을 삭감하면 안 됩니다. 경제적으로 어려운 계층의 생계가 더욱 위협받을 것이기 때문입니다.

2) **LEI 신문**
   악성 댓글 감소 기대돼 인터넷 실명제 실시
   표현의 자유가 침해될 것이라는 걱정의 목소리도…

3) **LEI 신문**
   지역 주민 반대에 재활용품 처리장 건설 무산*
   쓰레기와 환경 문제가 더 심각해질 것…

4) **LEI 신문**
   복제 인간이 사회 질서를 어지럽힐 우려에 생명 복제 실험 금지
   난치병 환자들의 희망이 사라지면 안 된다는 반대 의견도…

5) **LEI 신문**
   스마트폰 중독 우려에 중고등학교에서 스마트폰 사용 금지
   학생 인권을 침해한다는 지적도 나와…

3. 위 문법을 사용하여 다음 주장에 대한 여러분의 입장을 이야기해 보세요.

	찬성	반대
• 예방 접종 의무화	☐	☐
• 동물 실험 금지	☐	☐
• 공원 내 음주 금지	☐	☐
• 일회용품 사용 금지	☐	☐

> 저는 예방 접종 의무화에 찬성합니다. 부작용이 있다손 치더라도 접종을 거부하는 것은 개인의 건강과 사회의 안전을 위해 도움이 되지 않는다고 생각합니다.

무산: 일이나 계획이 이루어지지 못하고 없던 것처럼 됨.

문법과 표현 ❷ 동형-기로서니

1. 다음과 같이 대화를 완성해 보세요.

1) 가: 요즘 시험 준비하느라 너무 바빠서 엄마 생신도 잊었어.
   나: 아무리 __바쁘기로서니__ 엄마 생신을 잊으면 되겠어?

2) 가: 내 친구 순자네 며느리는 정말 철이 없는* 것 같아. 글쎄, 순자가 만들어다 준 된장을 냄새난다고 다 버렸대.
   나: 아무리 _____ 시어머니가 정성스럽게 만든 음식을 버릴 생각을 하다니 정말 어이가 없네.

3) 가: 요즘 아르바이트를 세 개나 하느라 건강이 나빠졌어요. 빨리 돈을 벌어서 대출금을 갚아야 하거든요.
   나: 아무리 대출금을 _____ 건강을 상하게 하면서까지 일해서야 되겠어요? 건강도 챙기면서 하세요.

4) 가: 직원들 앞에서 부장님께 야단을 심하게 맞았어. 내가 업무 처리에서 실수를 했거든.
   나: 아무리 _____ 많은 사람 앞에서 야단치는 건 너무 심한 거 아니야?

5) 가: 영업에 방해된다는 이유로 아이들의 입장을 금지하는 노 키즈 존이 늘고 있대요.
   나: 아이들도 똑같은 사람인데 아무리 영업에 _____ 입장을 금지하는 것은 차별이 아닐까요?

6) 가: 게임기가 없어져서 한참 찾았는데 글쎄 민영이가 말도 없이 가져갔더라고. 그래서 내가 화를 냈더니 친구 사이에 꼭 허락을 받아야 하느냐며 오히려 나한테 큰소리야.
   나: 아무리 _____ 말도 없이 물건을 가져가는 게 말이 돼?

> **철이 없다**: 일의 이치나 세상 물정에 대해 바른 생각이나 판단할 줄 아는 힘이나 능력이 없다.

2. 신문 기사의 제목을 보고 다음과 같이 댓글을 완성해 보세요.

1) 생활고에 시달리던 40대 부부, 몸이 불편한 노모* 병원에 두고 사라져

   댓글 | 아무리 생활이 어렵기로서니 부모를 버린다는 게 말이 되나? 찾아 보면 정부의 지원을 받을 방법이 있었을 텐데….

2) 치료에 불만 품고 병원에 방화* 시도한 김 모 씨 "홧김*에 범행*"

   댓글 | _____?
   화를 참지 못하고 범행을 저지르는 사람들이 증가하고 있어 큰 문제예요.

3) 치솟는 집값에 결혼·아이 모두 포기… 결혼·출산 20년 새 반토막*

   댓글 | _____.
   이런 상태가 지속되면 국가의 미래는 없다고 봅니다.

4) 갈수록 증가하는 청소년 범죄… 법적 처벌 강화 목소리 점차 커져

   댓글 | _____.
   법적 처벌보다는 청소년들이 범죄를 저지르게 되는 근본적인 원인이 무엇인지부터 파악해야죠.

3. 위 문법을 사용하여 친구나 가족의 행동을 이해할 수 없었던 상황에 대해 이야기해 보세요.

저는 지난 선거에서 A 후보에게 투표했어요. 그런데 B 후보를 지지하시던 아버지께서 그 사실을 아시고는 마구 화를 내셨어요. 아버지와 정치적인 의견이 좀 다르기로서니 그렇게 화를 내시는 건 이해할 수 없어요.

노모: 늙은 어머니.
범행: 범죄 행위를 함. 또는 그 행위.
방화: 일부러 불을 지름.
반토막: 규모가 큰 액수나 높은 수치 등이 반으로 줄어듦. 또는 그렇게 된 것.
홧김: 화가 나는 기회나 계기.

어휘 Vocabulary

1. 알맞은 말을 골라 문장을 완성해 보세요.

> 경각심을 불러일으키다　　신상 정보를 공개하다　　인권을 보호하다
> (인권을 침해하다)　　초상권을 보호하다

1)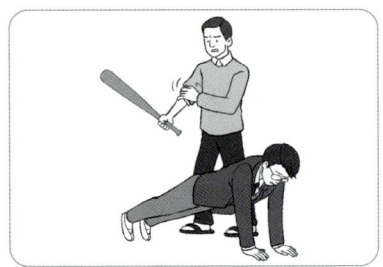
예전에는 학교에서 선생님들이 학생들에게 체벌을 가했다. 그러나 체벌이 학생의 <u>인권을 침해하는</u> 것이라는 인식이 확산되어 이제는 이런 일이 사라졌다.

2)
촬영한 사진을 인터넷에 올릴 때는 다른 사람의 <u>초상권을 보호하기</u> 위해 얼굴을 가리고 올려야 한다.

3)
감정 노동자 보호법에서는 전화 상담원의 <u>인권을 보호하기</u> 위해 상대방이 욕설을 할 경우 상담사가 먼저 전화를 끊을 수 있도록 하고 있다.

4)
성범죄자의 이름, 주소, 키, 나이, 몸무게 등 <u>신상 정보를 공개하는</u> 것이 범죄 예방에 효과적인가에 대한 논란이 있다.

5)
지구 온난화 현상을 아이스크림이 녹고 있는 모습에 비유한 포스터는 환경 오염에 대한 <u>경각심을 불러일으킨다</u>.

2. 알맞은 말을 골라 대화를 완성해 보세요.

> 사회적 약자를 보호하다   (성범죄를 예방하다)   재범률이 높다   초상권을 침해하다   충동을 제어하다

1) 가: 아이와 같이 한국으로 이사 왔는데 정부에서 성범죄자의 신상 정보를 우편으로 보내 줘서 놀랐어요. 왜 보내는 거예요?
   나: 아, 한국에서는 __성범죄를 예방하기__ 위해 성범죄자의 신상 정보를 공개하고 있어요.

2) 가: _____ 제도에는 무엇이 있을까요?
   나: 장애인 의무 고용 제도, 기초 생활 보장 제도, 노령 연금 등이 있습니다.

3) 가: 얼마 전 한 카페를 소개하는 동영상이 인터넷에 올라와서 봤더니, 그 동영상 속에 제 모습이 찍혔더라고요.
   나: 동의 없이 타인의 모습을 촬영하고 배포하는* 것은 _____ 행위예요. 삭제해 달라고 요청하세요.

4) 가: 길을 가다가 예쁜 옷이 보이면 돈이 별로 없는데도 나도 모르게 지갑을 열게 돼요.
   나: 그건 구매하고자 하는 _____ 능력이 부족해서 그래요.

5) 가: 도박*으로 처벌받은 사람들의 _____ 이유는 무엇입니까?
   나: 도박에 중독되면 그 위험성을 알면서도 욕망*을 이기지 못하기 때문입니다.

3. 알맞은 말을 골라 글을 완성해 보세요.

> (국민의 알권리)   불안감을 호소하다   사생활을 보호하다
> 사생활을 침해하다   재발을 방지하다   죗값을 치르다

언론이 1) __국민의 알권리__ 를 내세워 스타를 집요하게* 따라다니면서 그들의 사생활을 무리하게 촬영해 보도할 때가 있다. 그러나 연예인들은 언론이 개인의 사생활을 마음대로 공개하는 것은 2) _____ 일이라고 주장한다. 본인의 동의 없이 몰래 촬영하는 행위는 스토킹과 불법 촬영에 해당하며, 그런 행동을 하는 사람은 이에 맞는 3) _____ 한다고 비판한다. 연예인 A 씨는 지속해서 쫓아다니는 기자들 때문에 밖에 나가지 못하겠다며 4) _____. 또한 연예인 B 씨는 스토킹 등의 범죄에 대해서는 법적으로 강하게 대응하여 5) _____ 한다고 주장하기도 했다. 팬들은 스타가 무엇을 하며 사는지 궁금해할 수 있고, 언론은 그 호기심을 채워 주기 위해 연예인에 대한 내용을 보도할 수 있다. 그러나 연예인도 스타이기 전에 사람이므로 그들의 6) _____ 줄 장치가 필요하다.

배포하다: 신문이나 책 등을 널리 나누어 주다.
욕망: 부족함을 느껴 무엇을 가지려 하거나 탐하는 마음.
도박: 돈이나 재물 등을 걸고 서로 내기를 하는 일.
집요하다: 몹시 고집스럽고 끈질기다.

문법과 표현 ③ 동-는 격이다, 형-은 격이다

1. 관계있는 것끼리 연결하고 문장을 완성해 보세요.

1) 육아 휴직을 하는 것이 부끄럽다고 생각하다	—	남성 스스로 가정에서 설 자리를 포기하다
2) 자기 가족의 흉을 보다	• •	몸에 맞지 않는 옷을 입다
3) 가해 학생을 처벌하지 않다	• •	자기 얼굴에 침을 뱉다*
4) 적성에 맞지 않는 일을 하다	• •	학교 폭력을 조장하다
5) 의사의 조언을 무시하다	• •	병을 방치하다

1) 남성이 육아 휴직을 하는 것이 부끄럽다고 생각하는 것은 남성 스스로 가정에서 설 자리를 포기하는 격이다 .

2) 다른 사람에게 _____ .

3) 학교 폭력이 증가하고 있는 상황에서 _____ .

4) 아무리 취업이 어렵기로서니 _____ .

5) 2차 검진을 받아 보라는 _____ .

> 자기 얼굴에 침 뱉기: 남을 해치려고 하다가 도리어 자기가 해를 입게 된다는 것을 비유적으로 이르는 말.

2. 다음과 같이 속담 사전을 완성해 보세요.

1)  **손바닥으로 하늘 가리기**: 멀리 보지 못하고 불리한 상황에 대해 임기응변*으로 대응함.
   예) 사고를 목격한 증인이 수십 명인데 책임을 회피하는 것은 <u>손바닥으로 하늘을 가리는 격이다</u>.

2)  **고양이한테 생선을 맡기다**: 믿지 못할 사람에게 일을 맡겨 놓아 불안한 상태.
   예) 낭비가 심한 동생에게 신용 카드를 빌려주는 것은 _____.

3)  **우물에 가 숭늉* 찾는다**: 일의 순서도 모르고 급하게 서두름.
   예) 아직 초등학교도 들어가지 않은 아이에게 어려운 수학 문제를 풀게 하는 것은 _____.

4)  **불난 집에 부채질한다***: 상황을 더 안 좋게 만듦.
   예) 집값이 상승해서 무주택자*들이 힘들어하는 가운데 주택 공급을 줄이는 것은 _____.

5)  **혹* 떼러 갔다 혹 붙여 온다**: 부담을 덜어 내려고 하다가 오히려 다른 일까지 맡게 됨.
   예) 교수님께 성적을 올려 달라고 부탁했다가 오히려 점수가 더 낮아졌다. 말 그대로 _____.

3. 위 문법을 사용하여 위 속담에 해당하는 경험을 이야기해 보세요.

> 몇 년 전 고향에 집중 호우가 내려 큰 피해를 입었습니다. 마을 주민이 모두 시름에 빠져 있었는데 복구 작업 하는 주민을 격려한답시고 정치인 여러 명이 방문했습니다. 정치인들은 주민을 위로하기는커녕 언론에 보도하기 위한 사진을 찍기 바빴습니다. 안 그래도 심란했던* 주민들은 이런 모습을 보고 불난 집에 부채질하는 격이라며 화를 냈습니다.

임기응변: 그때그때 처한 상황에 맞추어 즉각 그 자리에서 결정하거나 처리함.
숭늉: 밥을 지은 솥에서 밥을 푼 뒤에 물을 붓고 끓인 물.
부채질하다: 부채를 흔들어 바람을 일으키다.
무주택자: 자기 소유의 주택이 없는 사람.
혹: 병적으로 불거져 나온 살덩어리.
심란하다: 마음이 편안하지 못하고 어지럽다.

문법과 표현 ④ 동-느니만 못하다

1. 다음과 같이 대화를 완성해 보세요.

1) 가: 우리 반에서 제일 게으른 아이와 같은 조가 되었어.
   나: <u>그런 아이와 같이 발표 준비를 하는 것은 혼자 하느니만 못할 텐데</u> 큰일이네.
   (그런 아이와 같이 발표 준비를 하다, 혼자 하다)

2) 가: 박사 과정이 생각보다 너무 힘드네. 지금이라도 그냥 포기하고 취직하는 것이 나을까?
   나: _____. 다시 생각해 봐.
   (중간에 포기하다, 시작하지 않다)

3) 가: 이번 지원자 중에 우리 회사에 도움이 될 만한 사람이 안 보이네요. 그래도 몇 명은 뽑아야 할까요?
   나: _____.
   (도움이 되지 않는 사람을 뽑다, 안 뽑다)
   채용 공고를 다시 내는 게 어떨까요?

4) 가: 오랜만에 운동을 했더니 무릎과 발목에 통증이 생겼어요.
   나: 안 하던 운동을 갑자기 무리하게 하면 부상을 당할 수 있습니다. _____.
   (무리한 운동, 안 하다)

5) 가: 외모에 대한 언급 자체가 개인에게 부정적인 영향을 준다는 연구 결과가 나왔대요.
   나: 맞아요. 긍정적인 평가라도 외모에 대해 이야기하는 건 듣는 사람에게 부담을 주기 마련이지요. 그래서 _____ 경우가 많아요.
   (외모에 대한 평가, 안 하다)

6) 가: 정부가 새로운 복지 정책을 도입한다고 하는데 국민이 신뢰하지 않는 것 같아요.
   나: _____.
   (국민이 신뢰하지 않는 정책, 도입하지 않다)
   새로운 정책을 도입할 때는 신중할 필요가 있어요.

2. 다음과 같이 글을 완성해 보세요.

무엇이든지 물어보세요

Q: 아이가 또래에 비해 자신감이 부족한 것 같아요. 자신감을 키우기 위해 칭찬을 많이 해 줘야 할까요?

A: 칭찬은 아이가 자신감을 갖는 데 도움이 됩니다. 그렇지만 무조건적인 칭찬은 1) <u>안 하느니만 못할</u> 때도 있으니 유의하세요. 칭찬할 때는 결과보다는 과정을, 재능보다는 노력에 대해 칭찬해 주세요.

Q: 남편이 간이 안 좋습니다. 항상 단백질 위주로 먹고 있는데 괜찮을까요?

A: 환자의 건강을 위해 단백질 보충이 필요한 것은 맞습니다. 그러나 단백질을 다량으로 섭취하는 것은 주의가 필요합니다. 과도한 섭취는 2) _____ 것을 명심하시기 바랍니다.

Q: 고등학교 3학년 수험생입니다. 시험 기간마다 밤을 새워 공부하는데 성적이 오르지 않는 이유는 무엇일까요?

A: 시험 전날 밤을 새워 공부하는 것은 3) _____. 충분한 휴식을 취하고 맑은 정신으로 시험을 보는 것이 낫습니다.

3. 위 문법을 사용하여 친구의 고민에 대해 조언해 보세요.

> 지난주에 룸메이트와 말다툼을 했어. 아무리 생각해도 내 잘못은 아닌 거 같은데 이대로 지내기가 불편해서 그냥 먼저 사과할까 생각 중이야.

> 진심이 없는 사과는 안 하느니만 못해. 솔직하게 속마음을 털어놓고 같이 대화를 나눠 봐.

> 나는 한국학을 전공하고 싶은데 부모님이 내가 경영학과에 지원하길 바라셔. 어떻게 해야 하지?

> 얼마 전 조건이 좋은 사람과 소개팅을 했는데 설렘이 없었어. 부모님은 그 사람과 빨리 결혼하라고 하시는데 이렇게 결혼해도 되는지 확신이 안 들어.

16

인류와 미래

- **16-1** 인류의 과제
- **16-2** 4차 산업 혁명과 미래

	어휘	인류가 직면한 문제, 해결 방안
16-1	문법과 표현	동-어 주십사 (하다)
		동형-어 봤자
16-2	어휘	첨단 기술
	문법과 표현	동형-던가, 명이던가
		동-고서는

어휘 Vocabulary

1. 관계있는 것끼리 연결하고 문장을 완성해 보세요.

기아에	허덕이다	탄소를 배출하는 만큼 탄소를 흡수하는 조치를 취하여 실질 배출량을 '0'으로 만드는 일을 행동으로 옮기다
빈곤을	고갈되다	생물이 살아가는 환경 또는 체계가 무너지고 깨지다
생물의 다양성이	감소하다	생태계에서 생물의 유전자 등 다양한 특징이 줄어들다
생태계가	실천하다	생활하는 데 사용되는 원료가 모두 사용되어 없어지다
자원이	퇴치하다	가난하여 살기가 어려운 상태를 없애다
탄소 중립을	파괴되다	굶주림 때문에 힘들어하다

1) 인류가 생활의 편의를 위해 환경을 파괴한 결과 여러 동식물이 멸종 위기에 놓이면서   <u>생물의 다양성이 감소했다</u> .

2) 깨끗한 물, 석유, 석탄 등 인류의 생활에 필요한 _____ 있어 대체 자원 개발의 필요성이 대두되었다.

3) UN 통계에 따르면 세계 인구 중 11%가 _____ 있다고 한다. 세계적으로 식량 생산량이 늘고 있는 가운데서도 굶는 사람은 더 늘어 가는 모순된 현상이 나타나 충격을 주었다.

4) A 기업은 공장에서 탄소를 배출하는 만큼 나무를 심어 이산화탄소 흡수를 늘리는 _____ 있다.

5) 지구 온난화로 인하여 생물들이 삶의 터전을 잃어 가고 있다. 즉, 지구의 _____ 있는 것이다.

6) 지구촌의 다양한 갈등으로 인해 극도의 경제적 어려움을 겪는 사람들이 전 세계적으로 증가하는 추세다. 이런 가운데 많은 자선 단체가 _____ 위한 캠페인을 벌이고 있다.

2. 알맞은 말을 골라 문장을 완성해 보세요.

생태계를 보전하다   수자원 확보가 위협받다   신재생 에너지 사용을 확대하다
온실가스를 감축하다   일회용품 사용을 규제하다   지속 가능한 발전을 추구하다
---

1) '에코 마일리지'란 서울시가 ___온실가스를 감축하기___ 위해 도입한 제도이다. 이 제도는 전기, 수도를 절약한 만큼 마일리지를 주어 온실가스를 줄이는 데에 그 목적이 있다.

2) 정부는 20△△년까지 전체 전력 공급의 50%를 풍력 발전으로 충당하는 등 _____ 위해 노력하겠다고 밝혔다.

3) 지구 온난화로 인해 건조한 지역의 가뭄 현상이 심화되면서 _____ 있다.

4) 산과 숲이 있던 곳에 고층 빌딩과 아파트가 들어서면서 산림이 파괴되었다. 이제는 더 이상의 과도한 개발과 산림 파괴를 멈추고, 다양한 생물이 살 수 있도록 _____ 한다.

5) 국제 사회는 현재의 생활을 개발하고 발전시키는 동시에 미래 세대의 발전 가능성도 염두에 두는 _____ 한다.

6) 정부는 카페에서 플라스틱 빨대나 컵을 사용하지 못하게 하는 등 _____ 있다.

문법과 표현 1 동-어 주십사 (하다)

1. 다음과 같이 문장을 완성해 보세요.

   1) 게시판의 성격과 맞지 않는 글은 삭제되오니 <u>양해해 주십사 하고</u> 부탁드립니다.
      (양해하다)

   2) 바람이 차가워지면서 이웃의 도움을 기다리는 사람들도 늘고 있습니다. 도움이 필요한 주변의 이웃에게 따뜻한 손길을 _____ 부탁드립니다.
      (내밀다)

   3) 저희 영화에 선생님의 곡 〈무지개 꿈〉의 음원 사용을 _____ 메일을 드립니다.
      (허락하다)

   4) 대표님께서 좀 늦으신다고 합니다. 기다리시는 분들께 죄송하다는 말씀을 _____
      (전하다)
      부탁하셨습니다.

   5) 존경하는 시민 여러분, 여러분의 적극적인 동참 없이는 후손들에게 아름다운 지구를 물려줄 수 없습니다. 우리 삶의 터전을 지키기 위해 여러분 모두 _____ 부탁드립니다.
      (힘쓰다)

   6) '사랑의손길' 단체 김재원 대표는 아이들의 꿈이 실현될 수 있게끔 지역 주민들에게 _____ 요청했습니다.
      (후원하다)

2. 다음과 같이 이메일을 완성해 보세요.

받는 사람 | 강숙자 님
제목 | 입주민* 회의 알림

H 아파트 입주민 여러분께
안녕하세요? 돌아오는 25일 일곱 시 주민 회관*에서 입주민 회의가 개최됨을 알려 드립니다. 바쁘시더라도 부디 참석하시어 아파트 운영에 대한 입주민 여러분의 1) <u>의견을 들려주십사</u> 부탁드립니다.

받는 사람 | 최소영 님
제목 | 새 학기를 맞이하여

A 대학교 구성원 여러분께
최근 신종 감염병이 유행하고 있습니다. 감염병 확산을 막기 위해 구성원들의 자율적*인 참여와 협조가 더욱 요구되는 상황입니다. 방역 수칙*을 2) _____ 당부드립니다.

받는 사람 | 한준호 님
제목 | 대중교통 이용하기 캠페인 동참 요청

회원 여러분께
요즘 갈수록 심각해지는 미세 먼지로 봄날의 맑은 날씨도 즐기기 어려운 날들입니다. 이에 우리 단체에서 미세 먼지를 줄이기 위해 약 한 달간 대중교통 이용하기 캠페인을 벌이고자 합니다. 회원 여러분께서도 관심을 갖고 적극적으로 3) _____ 부탁드리는 바입니다.

---

3. 위 문법을 사용하여 다음 상황에서 정중하게 부탁하는 문자를 써 보세요.

- 상황 1: 교수님께 추천서 부탁
- 상황 2: 졸업한 선배에게 동아리 발표회 참석 부탁
- 상황 3: 한국어 선생님께 발표 원고 검토 부탁

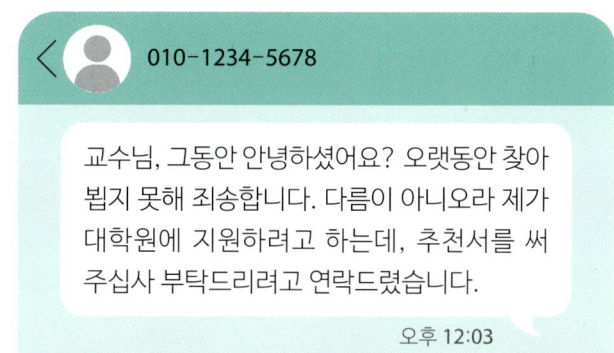

010-1234-5678

교수님, 그동안 안녕하셨어요? 오랫동안 찾아 뵙지 못해 죄송합니다. 다름이 아니오라 제가 대학원에 지원하려고 하는데, 추천서를 써 주십사 부탁드리려고 연락드렸습니다.

오후 12:03

 입주민: 어떤 집이나 아파트 등에 들어와서 사는 사람.   **회관**: 모임이나 회의 등을 목적으로 지은 건물.
자율적: 자기 스스로의 원칙에 따라 어떤 일을 하거나 자기 스스로를 통제하여 절제하는 (것).
수칙: 행동이나 절차에 관해 지켜야 할 사항을 정한 규칙.

문법과 표현 2 　동형-어 봤자

1. 다음과 같이 대화를 완성해 보세요.

    1) 가: 수진 씨한테 돈을 빌려 달라고 부탁해 볼까요?
       나: <u>부탁해 봤자</u> 안 빌려줄 거예요. 수진 씨가 얼마나 돈 거래에 엄격한데요.

    2) 가: 지금이라도 유준 씨한테 고백하는 게 어때요?
       나: 지금 _____ 무슨 소용이 있겠어요? 다음 달에 결혼한다는데요.

    3) 가: 부모님 반대를 무릅쓰고*라도 유학을 떠날걸. 기회를 잡지 못한 게 내내 후회가 돼.
       나: 지금 와서 _____ 무슨 소용이 있겠어? 지금 상황에 만족하는 것이 좋을 것 같아.

    4) 가: 늦었지만 지금이라도 가 보는 게 어때?
       나: 시험이 벌써 시작해서 지금 _____ 교실 안에 들어가지도 못할 거야.

    5) 가: 집값이 떨어지는 추세라고 하는데 지금이라도 서울에 아파트를 장만하는* 게 어때요?
       나: 집값이 _____ 지금 받는 월급으로 서울에 있는 아파트는 꿈도 못 꿔요.

    6) 가: 이번에 A 제과에서 출시된 초콜릿이 엄청 비싸대.
       나: _____ 얼마나 비싸겠어. 기껏해야* 한 박스에 5만 원 정도겠지.

무릅쓰다: 힘들고 어려운 일을 참고 견디다.　　**장만하다**: 필요한 것을 사거나 만들거나 하여 갖추다.
기껏해야: 아무리 높거나 많게 잡아도.

2. 신문 기사의 제목을 보고 다음과 같이 댓글을 완성해 보세요.

1) **대형 마트 비닐 봉지 사용 금지, 다음 주부터 전면 실시**
개별* 포장 제품 늘어 실효성 논란
💬 댓글 | ︿ 비닐 봉지 사용을 금지해 봤자 쓰레기를 줄이는 건 불가능해요. 오히려 소비자들이 개별 포장된 과일이나 채소를 사게 만들어 쓰레기가 더 많이 배출될 거예요.

2) **국제 유가 하락, 소비자 물가도 내릴까**
인건비 상승 등으로 효과 크지 않을 듯
💬 댓글 | ︿ _____ 인건비 등이 올라 소비자들이 체감할 만큼 물가가 내리지는 않을 거예요. 물가를 내리기 위해서는 정부의 개입이 필요하다고 봐요.

3) **성범죄자 신상 공개, 재범률 낮출까**
지역 주민들 불안감 호소, 실제 효과는 과연?
💬 댓글 | ︿ _____ 재범률을 낮추지 못할 거라고 생각하는 사람들이 많아요. 성범죄자에 대한 솜방망이 처벌*이 더 큰 문제라는 의견도 있고요.

4) **공공 기관 차량 2부제* 실시, 미세 먼지 해결책 될까**
공공 기관 출입 시에만 해당해 효과 없다는 의견도
💬 댓글 | ︿ _____ 미세 먼지를 줄이는 데는 별로 효과가 없을 거예요. 공공 기관을 이용하는 차량은 소수에 불과하니까요.

3. 위 문법을 사용하여 시도해도 소용이 없거나 부정적인 결과가 나타날 것이라고 예상되는 제도나 정책에 대해 이야기해 보세요.

> 정부에서는 출산율을 높이기 위해 아이를 낳을 때마다 출산 장려금을 지급하고 있는데요. 출산 장려금을 지급해 봤자 출산율이 높아질 리가 없어요. 육아 휴직 보장, 보육 시설* 확충 등을 통해 마음 놓고 아이를 키울 수 있는 환경이 먼저 조성되어야 한다고 생각해요.

개별: 하나씩 따로 있는 상태.　**솜방망이 처벌**: 잘못이 명확히 있는데도 그에 맞는 처벌을 내리지 않고 약하게 처벌함. 또는 그런 처벌.
차량 2부제: 차량 등록 번호의 끝수를 홀수와 짝수로 나누어 홀수일에는 홀수 차량만, 짝수일에는 짝수 차량만 운행하도록 한 제도.
보육 시설: 어린아이들을 돌보아 기르기 위한 시설.

어휘 Vocabulary

1. 그림을 보고 알맞은 말을 골라 문장을 완성해 보세요.

> 기상 조절 기술   수직 농장   인공 장기
> 자율 주행차   (초고속 자기 부상 열차)   화성 탐사

1)
자기력*을 이용하되 공기 저항*을 최소로 한 초고속 자기 부상 열차 는 이론상 시속 600km까지 낼 수 있다.

2)
화성의 고대 환경이 어땠는지 조사하기 위해 보내진 _____ 로봇이 한 달간의 여행 끝에 호수의 흔적을 찾아냈다.

3)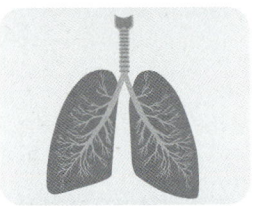
허석비 씨는 폐암에 걸려서 폐의 일부를 떼어 내고 _____ 을/를 단 채로 살고 있다.

4)
_____ 의 장점은 계절과 상관없이 농산물을 생산할 수 있고 공간을 효율적으로 활용할 수 있다는 것이다.

5)
인공적으로 구름 속 수증기를 물방울로 만들어 비를 내리게 하는 것은 _____ 의 대표적인 예이다.

6)
_____ 이/가 상용화되면 운전 중에도 영화를 볼 수 있게 될 것이다.

자기력: 자석이나 전류끼리, 또는 자석과 전류가 서로 끌어당기거나 밀어 냄으로써 서로에게 미치는 힘.
저항: 물체의 운동 방향과 반대 방향으로 작용하는 힘.

2. 알맞은 말을 골라 글을 완성해 보세요.

우주여행   3D 프린터   4D 프린터
생체 인식 기술   (스마트 홈)   착용 스마트 기기

과학의 눈부신 발전으로 먼 옛날에는 상상도 하지 못했던 일들이 펼쳐지고 있다. 먼저, 집에서 목소리만으로 가전제품, 전기, 수도 등을 제어할 수 있는 기술인 1) 스마트 홈 이 대세로 떠올랐다. 2) _____ (으)로 옷이나 인형 등을 만들 수도 있고, 더 나아가 스스로 변형이 가능한 입체적*인 물품을 인쇄하는 3) _____ 을/를 사용하기도 한다. 또한 지문, 얼굴 인식 등 4) _____ 을/를 활용한 보안 장치*도 상용화됐다. 우주선을 타고 직접 화성에 가서 멋진 우주의 장관을 볼 수 있는 5) _____ 도 인기를 끌고 있다.

이전에는 기술과 비용 문제로 엄두를 내지 못했던* 일들이 실제로 눈앞에 펼쳐진 것은 이뿐만이 아니다. 입거나 몸에 부착해 생활에 편리함을 주는 6) _____ 이/가 다양한 기술과 결합하여 우리 일상에 자리 잡았다. 무선 이어폰, 스마트 워치 등이 소비자의 요구를 반영해 더욱 작아지고 착용이 편리해진 점도 주목할 만하다.

입체적: 삼차원의 공간적 부피를 가진 물체를 보는 것과 같은 느낌을 주는 (것).
보안 장치: 위험을 막고 안전을 유지하기 위해 설치하는 장치.
엄두를 내지 못하다: 감히 무엇을 하려는 마음을 먹지 못하다.

문법과 표현 ③ 동형-던가, 명이던가

1. 다음과 같이 대화를 완성해 보세요.

1) 가: 김 선생님을 본 게 언제야?
   나: 지난주 <u>금요일이던가</u>? 학교 식당에서 나오시는 걸 봤어.

2) 가: 내가 가스를 _____? 안 잠그고 나왔으면 큰일인데….
   나: 불이 날 수도 있으니까 다시 돌아가서 확인해 보자.

3) 가: 식료품 배송 왔는데 확인해 봐.
   나: 양파, 당근, 소고기, 우유, 다 있네. 어, 그런데 삼겹살을 _____?
   난 주문한 기억이 없는데….

4) 가: 아이들이 생기고 나서 나 자신을 잃어버린 것 같아.
   나: 맞아. 지난 5년간 나만의 시간이 _____ 싶어.

5) 가: 스마트폰이 나오고부터 생활이 참 편리해졌어.
   나: 맞아. 스마트폰이 없던 시절에는 어떻게 _____ 싶어.

6) 가: 영규 형은 너무 염치가 없는* 것 같아. 항상 얻어먹기*만 하면서 고마운 줄도 몰라.
   나: 맞아, 형이 한 번이라도 우리한테 고맙다고 말한 적이 _____ 싶어.

염치없다: 체면을 차릴 줄 알거나 부끄러움을 아는 마음이 없다.   **얻어먹다**: 남에게 음식을 달라고 해서 공짜로 먹다.

2. 다음과 같이 글을 완성해 보세요.

민승 | 20△△. 7. 20. 19:14　　　　URL 복사 | 이웃 | 수정 | 삭제

여름휴가 첫날

　드디어 여름휴가가 시작되었다. 아침 햇살에 자연스레 눈이 떠졌다. 알람 없이 일어나 본 게 1) _얼마 만이던가_ . 여유 있는 아침 식사를 즐긴 후 영화관으로 향했다. 아직도 땅이 촉촉하게 젖어 있는 걸 보니 새벽에 비가 왔나 보다. 극장은 정말 오랜만이다. 마지막으로 극장에서 영화를 본 게 2) _____ . 주인공인 배우 송영호의 연기가 너무 훌륭했다. 지금껏 이렇게 연기를 잘하는 배우는 본 적이 없다.

　영화를 보고 박물관에 갔다. 박물관이 개관 30주년을 맞아 한복 전시회를 개최하고 있었다. 우리 옷이 이렇게 3) _____ . 그 아름다움에 나는 넋을 놓고* 한참 동안 한복 구경에 빠져 있었다.

　지금은 와인 한 잔에 혼자만의 저녁을 즐기고 있다. 입사하고 나서 이렇게 여유로웠던 적이 4) _____ . 앞으로 나만의 시간을 좀 더 가질 수 있으면 좋겠다.

#나만의시간 #여름휴가 #이런여유가있었던가 #행복

♡ 공감 25　💬 댓글 20

3. 위 문법을 사용하여 여러분의 SNS 게시물을 작성해 보세요.

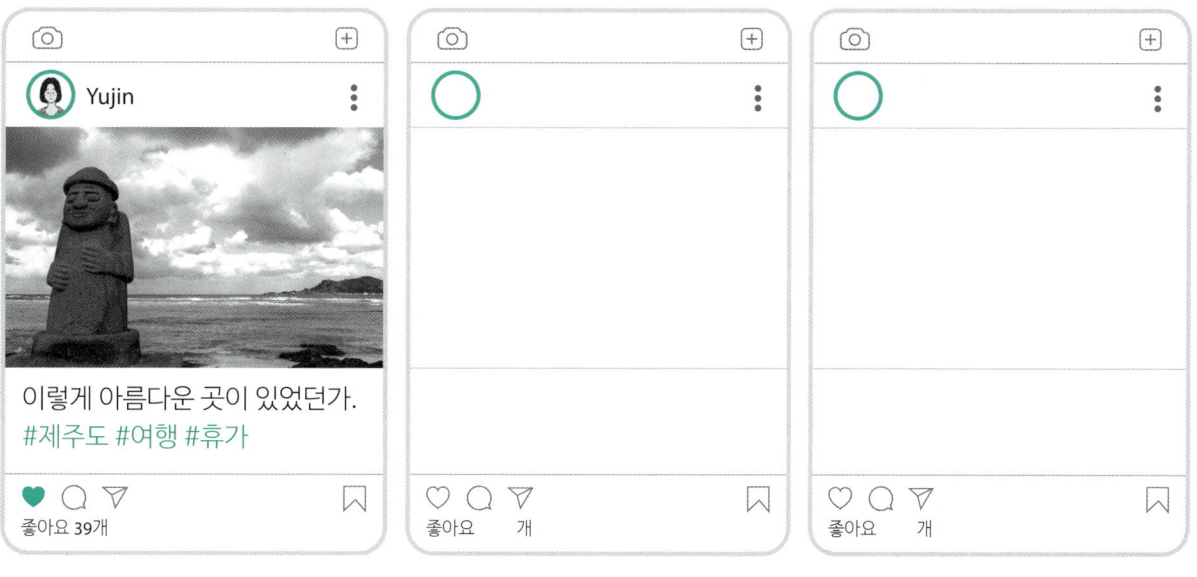

Yujin

이렇게 아름다운 곳이 있었던가.
#제주도 #여행 #휴가
좋아요 39개

📝 **넋을 놓다**: 정신을 잃고 멍한 상태가 되다.

16-2. 4차 산업 혁명과 미래　157

문법과 표현 ④ 동-고서는

1. 다음과 같이 대화를 완성해 보세요.

1) 가: 다이어트를 시작한 지 6개월이 지났어요. 유산소 운동도 하고 필라테스도 하는데 살이 빠지지 않네요.
   나: 식단 조절도 병행하시나요? <u>운동만 하고서는</u> 절대 살이 빠지지 않아요.

2) 가: 교사 양성 과정에서 이론의 비중이 너무 높다는 지적이 있어 실습 시간을 늘린다고 해요.
   나: 올바른 결정이에요. _____ 학생들을 절대 잘 가르칠 수 없죠.

3) 가: 한국에서 유명한 곳은 대부분 가 봤는데 경주는 아직 못 가 봤네요.
   나: 경주는 어디든 역사 유적과 문화재가 넘쳐나요. _____
   한국 여행을 제대로 했다고 할 수 없어요.

4) 가: 손자가 자꾸 메신저를 사용해 보라고 해서 앱을 깔긴 했는데 메신저로 대화하기가 쉽지 않네요.
   나: 그래도 조금 더 연습해 보세요. 요즘 _____ 젊은 세대와
   소통할 수 없어요.

5) 가: 한국 사회를 이해하는 데에 가장 효과적인 방법은 무엇일까요?
   나: 신문을 매일 읽는 것이 가장 효과적입니다. _____
   한국 사회에 대한 깊은 이해가 불가능하다고 봐요.

6) 가: 한국어 말하기를 잘하고 싶은데 실수할까 봐 사람들 앞에서 입을 떼기*가 어려워요.
   나: 용기를 갖고 부딪쳐 보세요. 사람들과 직접 _____
   말하기 실력이 늘지 않아요.

*입을 떼다: 말을 꺼내다.

2. 다음과 같이 인터뷰 기사문을 완성해 보세요.

세계 곳곳에서 기상 이변, 신음하는 지구

올여름 지구촌 곳곳에서 폭염, 홍수 등 기상 이변으로 피해가 끊이지 않는 가운데 어떻게 하면 지구를 살릴 수 있을지 전문가의 의견을 들어 봤다.

Q: 박사님, 지구촌 곳곳에서 일어나고 있는 이 재앙을 어떻게 막을 수 있을까요?
A: 1990년 이후 세계 탄소 배출량은 60% 늘어났습니다. 이러한 탄소 배출량 증가가 기후 변화를 가져온 것이므로 탄소 배출을 1) __줄이지 않고서는__ 이 문제를 해결할 수 없습니다.

Q: 탄소 배출을 줄이기 위해서 가장 필요한 것은 무엇입니까?
A: 신재생 에너지 도입, 탄소 저감* 기술 개발 등 국가적 차원의 노력이 시급합니다. 그러나 정부가 노력한다고 해도 개개인의 생활 습관을 2) _____ 탄소 배출을 줄이는 데 한계가 있습니다. 따라서 개인 차원에서도 일회용품 사용 줄이기, 적정 실내 온도 유지하기, 장바구니 이용하기 등의 노력이 필요합니다. 우리가 모두 3) _____ 우리 후손들에게 건강한 미래를 물려줄 수 없습니다.

3. 위 문법을 사용하여 한국에 유학 오고 싶어 하는 후배에게 조언해 보세요.

한국어를 미리 조금이라도 공부하고 오면 도움이 돼요. 왜냐하면 한국어를 전혀 알지 못하고서는 처음에 정착할 때 좀 힘들 수 있거든요. 인터넷에서 한국어 관련 자료를 찾아 보면 도움이 될 거예요.

저감: 낮추어 줄임.

복습 8

어휘 Vocabulary

정리하기

✏️ 다음에서 알고 있는 어휘에 ✔ 해 보세요.

15-1과

복지 사각지대 ☐	체류하다 ☐	기본권을 보장하다 ☐
복지 제도의 맹점 ☐	요건을 갖추다 ☐	지원금을 지급하다 ☐
보편적/선별적 복지 ☐	국익에 기여하다 ☐	복수 국적을 보유하다 ☐
귀화하다 ☐	국적을 포기하다 ☐	국적을 취득하다/상실하다 ☐
서약하다 ☐	비용을 충당하다 ☐	의욕을 저하시키다/떨어뜨리다 ☐
선서하다 ☐	재원을 마련하다 ☐	
증세하다 ☐	제도를 도입하다 ☐	

15-2과

국민의 알권리 ☐	충동을 제어하다 ☐	사회적 약자를 보호하다 ☐
2차 피해/가해 ☐	불안감을 호소하다 ☐	인권을 보호하다/침해하다 ☐
재범률이 높다 ☐	성범죄를 예방하다 ☐	사생활을 보호하다/침해하다 ☐
죗값을 치르다 ☐	신상 정보를 공개하다 ☐	초상권을 보호하다/침해하다 ☐
재발을 방지하다 ☐	경각심을 불러일으키다 ☐	공공의 이익/공익을 우선시하다 ☐

16-1과

식량난을 겪다 ☐	온실가스를 감축하다 ☐	일회용품 사용을 규제하다 ☐
기아에 허덕이다 ☐	직거래를 활성화하다 ☐	지속 가능한 발전을 추구하다 ☐
빈곤을 퇴치하다 ☐	국제 협력을 강화하다 ☐	지역 먹거리 소비를 장려하다 ☐
자원이 고갈되다 ☐	수자원 확보가 위협받다 ☐	탄소 중립을 이행하다/실천하다 ☐
생태계가 파괴되다 ☐	생물의 다양성이 감소하다 ☐	대체/신재생 에너지 사용을 확대하다 ☐

16-2과

우주여행 ☐	화성 탐사 ☐	3D/4D 프린터 ☐
수직 농장 ☐	자율 주행차 ☐	착용 스마트 기기 ☐
스마트 홈 ☐	기상 조절 기술 ☐	초고속 자기 부상 열차 ☐
인공 장기 ☐	생체 인식 기술 ☐	가상 융합 세계(메타버스) ☐

평가하기

[1~5] 다음 (   )에 들어갈 가장 알맞은 것을 고르세요.

1. 선진국들은 저개발국의 빈곤을 (   ) 위해 국제적 협력을 강화하기로 했다.

   ① 보장하기　　② 영위하기　　③ 존중하기　　④ 퇴치하기

2. 다른 사람의 얼굴을 허락 없이 인터넷에 올리는 행위는 (   )을 침해하는 것이다.

   ① 기본권　　② 재산권　　③ 초상권　　④ 평등권

3. 그는 모든 범행 사실을 인정하고 죗값을 (   ) 했다.

   ① 낮추겠다고　　② 내놓겠다고　　③ 취하겠다고　　④ 치르겠다고

4. 김승철 시장은 당선 소감을 통해 선거 때 내걸었던 공약*을 조속히 (   ) 밝혔다.

   ① 감축하겠다고　　② 공개하겠다고　　③ 이행하겠다고　　④ 통합하겠다고

5. 한국에서는 (   )을/를 보장하기 위해 대통령 후보의 신상 정보가 공개된다.

   ① 선별적 복지　　② 국민의 알권리　　③ 복지 사각지대　　④ 지속 가능한 발전

공약: 정부, 후보자 등이 국민에게 어떤 일을 하겠다고 하는 약속.

[6~10] 다음 밑줄 친 부분과 의미가 비슷한 것을 고르세요.

6. 상대적 빈곤과 박탈감은 청년들의 노동 의욕을 <u>떨어뜨린다</u>.

   ① 없앤다   ② 올린다   ③ 침해한다   ④ 저하시킨다

7. 우리 학교에서는 학생들에게 매달 한 권 이상의 독서를 <u>권장하고</u> 있다.

   ① 보유하고   ② 장려하고   ③ 충당하고   ④ 향상하고

8. 이번 아파트 공사장에서 일어난 사고는 시민들에게 안전에 대한 경각심을 <u>환기했다</u>.

   ① 떨어뜨렸다   ② 활성화했다   ③ 누그러뜨렸다   ④ 불러일으켰다

9. 이은비 작가는 이제 작품의 소재가 <u>고갈되었다며</u> 당분간은 소설을 쓰지 않겠다고 선언했다.

   ① 떨어졌다며   ② 미달했다며   ③ 벗어났다며   ④ 줄어들었다며

10. 요즘은 스마트폰을 이용해 밖에서도 에어컨, 전자레인지 등 집 안의 전자 제품을 <u>제어할</u> 수 있다.

    ① 방지할   ② 보호할   ③ 실시할   ④ 조절할

[11~13] 다음 (   )에 공통적으로 들어갈 단어를 고르세요.

11.
   • 이 도시는 편의 시설을 잘 (   ) 있다.
   • 보고서의 형식을 (   ) 다시 써 오세요.
   • 지원 요건을 (   ) 위해 자격증을 취득했다.

   ① 갖추다   ② 꾸미다   ③ 따르다   ④ 지니다

12.
- 손님이 오신다고 해서 음식을 (   ).
- 정부는 저소득층을 위한 생활비 지원 제도를 (   ).
- A 기업은 새로운 사업을 시작하기 위한 재원을 (   ) 있다.

① 대비하다　　② 마련하다　　③ 제정하다　　④ 행사하다

13.
- 대중문화가 너무 상업성만 (   ) 보면 질이 저하될 수 있다.
- 기업은 경쟁에서 살아남기 위해 계속해서 변화를 (   ) 한다.
- 지속 가능한 발전은 자연이 허락하는 범위 내에서 발전을 (   ) 것이다.

① 규제하다　　② 시도하다　　③ 실천하다　　④ 추구하다

[14~15] 밑줄 친 부분이 어색한 것을 고르세요.

14. ① 타당한 이유 없이 시험을 다른 날로 미룰 수는 없다.
② 민지는 자신의 불투명한 미래가 걱정돼서 잠을 잘 수 없었다.
③ 지효는 다른 사람에 비해 실력이 월등해서 취직할 수 없었다.
④ 요즘 세대는 풍요로운 시대에 태어나 경제적 어려움을 모르고 성장했다고들 한다.

15. ① 재판을 통해 그의 모든 죄가 여실히 드러났다.
② K 씨가 어린이장학재단에 전 재산을 기부해 공분을 샀다.
③ 다이어트를 한다는 룸메이트가 오늘도 유혹을 못 이기고 치킨을 먹었다.
④ 오늘은 미세 먼지 농도가 기준치를 초과하였으니 집에 있는 것이 좋겠다.

문법과 표현
Grammar & Expression

▶ 정리하기

✐ 다음에서 알고 있는 문법과 표현에 ✔ 해 보세요.

15-1과

| 동-는다손 치더라도,
형-다손 치더라도,
명이라손 치더라도 | ☐ 설령 그 사람의 **잘못이라손 치더라도** 여러 사람 앞에서 망신을 주어서야 되겠습니까? |
| 동형-기로서니 | ☐ 아무리 **바쁘기로서니** 전화 한 통 할 시간이 없다는 건 핑계 아니에요? |

15-2과

| 동-는 격이다,
형-은 격이디 | ☐ 물건값이 2,000원인데 배송비가 2,500원이라니 배보다 배꼽이 더 **큰 격이네요**. |
| 동-느니만 못하다 | ☐ 지나친 운동은 **안 하느니만 못하다**. |

16-1과

| 동-어 주십사 (하다) | ☐ 내일 오후 회의에 **참석해 주십사** 연락드렸습니다. |
| 동형-어 봤자 | ☐ 경쟁이 너무 치열해서 열심히 **해 봤자** 합격하기 힘들 것이다. |

16-2과

| 동형-던가, 명이던가 | ☐ 성공하는 사람의 길이 순조로운 적이 **있던가**. |
| 동-고서는 | ☐ 골고루 먹지 **않고서는** 건강을 유지할 수 없다. |

▶ 평가하기

[1~2] 다음 (   )에 들어갈 가장 알맞은 것을 고르세요.

1.
   시연이가 사과를 (   ) 나는 시연이를 용서하지 않을 것이다.

   ① 한 끝에   ② 하는 한편   ③ 하는 까닭에   ④ 한다손 치더라도

2.

극장에서 재미없는 영화를 보는 것은 집에서 잠이나 (   ).

① 잘 성싶다
② 자려니 한다
③ 자느니만 못하다
④ 자는 게 고작이다

[3~4] 다음 밑줄 친 부분과 의미가 비슷한 것을 고르세요.

3.

이제 와서 밤새워 시험공부를 <u>해 봤자</u> 높은 점수를 받기는 어려울 것이다.

① 하기에는   ② 하노라면   ③ 한답시고   ④ 하더라도

4.

여성의 사회적 지위가 높아져야 남성의 권리도 같이 보장된다. 그러므로 여성을 차별하는 행위는 남성의 가치까지 <u>떨어뜨리는 격이다</u>.

① 떨어뜨리는 셈이다
② 떨어뜨릴 턱이 없다
③ 떨어뜨리기 일쑤이다
④ 떨어뜨리느니만 못하다

[5~7] 알맞은 표현을 골라서 대화를 완성하세요.

> -고서는   -기로서니   -던가   -어 주십사 (하다)

5. 가: 형준아, 웬일이야? 오랜만에 전화했네.
　　나: 네, 선배님. 사실은 제가 이번에 전시회를 하는데 시간 괜찮으시면 _____ 연락드렸습니다.

6. 가: 어제 선생님이 내 성적이 나쁘다면서 수업 시간에 나를 크게 혼냈어.
　　나: 아무리 _____ 다른 친구들 앞에서 크게 혼내는 건 너무 심하네.

7. 가: 안나 씨는 어떻게 한국어를 그렇게 잘해요? 비결 좀 알려 주세요.
　　나: 단어를 많이 외워야 돼요. _____ 한국어를 잘할 수 없어요.

듣기 Listening

[1] 다음을 듣고 질문에 답하세요.

1. 이 프로그램의 목적으로 알맞은 것을 고르세요.
   ① 에코 마일리지 제도를 소개하기 위해
   ② 에코 마일리지의 역사를 설명하기 위해
   ③ 에너지를 절약하는 방법을 알려 주기 위해
   ④ 나무 심기 행사에 동참하기를 요청하기 위해

[2~3] 다음 강연을 듣고 질문에 답하세요.

2. 메타버스에 대한 여자의 생각으로 알맞은 것을 고르세요.
   ① 우리는 메타버스에 대해서 잘 알아야 한다.
   ② 메타버스 세계는 현실 세계와 관계가 없다.
   ③ 메타버스는 우리 삶을 완전히 바꿔 놓았다.
   ④ 일상에서 이미 메타버스의 요소를 접할 수 있다.

3. 여자의 말하기 방식으로 알맞은 것을 고르세요.
   ① 논문을 인용해 특성을 설명하고 있다.
   ② 실제 사례를 들어 미래를 예측하고 있다.
   ③ 비판적인 관점에서 대상을 분석하고 있다.
   ④ 정보를 제공하고 그에 따른 문제점을 제시하고 있다.

[4~5] 다음 토론의 일부를 듣고 질문에 답하세요.

4. 여자의 생각으로 알맞은 것을 고르세요.
   ① 성범죄자를 더 강력하게 처벌해야 한다.
   ② 성범죄자의 신상 정보는 알고 싶은 사람만 알면 된다.
   ③ 성범죄자가 피해자 거주 지역 근처에 살게 하면 안 된다.
   ④ 성범죄자의 신상을 공개하면 범죄의 재발을 막을 수 있다.

5. 남자의 태도로 가장 알맞은 것을 고르세요.
   ① 상대방의 의견을 일부 수용하며 주장을 내세우고 있다.
   ② 상대방이 내세운 근거를 반박하며 주장을 펼치고 있다.
   ③ 객관적인 통계 자료를 통해 자신의 주장을 강화하고 있다.
   ④ 전문가의 견해를 근거로 삼아 자신의 주장을 입증하고 있다.

차등: 고르거나 가지런하지 않고 차별이 있음. 또는 그렇게 대함.
뉘우치다: 스스로 자신의 잘못을 깨닫고 반성하다.
보복: 남이 저에게 피해를 준 대로 저도 그에게 피해를 줌.
재고하다: 어떤 일이나 문제 등에 대하여 다시 생각하다.

읽기 Reading

[1~2] 다음 글을 읽고 질문에 답하세요.

2015년 국제 연합(UN) 정상 개발 회의에서 '지속 가능 발전 목표' 열일곱 가지가 제시되었다. '지속 가능 발전'이란 미래 세대에게 필요한 자원에 피해를 주지 않으면서 현재 세대에게 필요한 발전을 해 나가는 방식을 말한다. 열일곱 가지 목표는 크게 세 분야로 나눌 수 있다. 청정에너지 사용, 생태계 보호 등 환경과 관련된 항목, 기아 퇴치, 양질의 일자리 등 경제와 관련된 항목, 성평등, 양질의 교육 등 사회와 관련된 항목이 그것이다.

한국에서도 이에 맞춰 '지속 가능 발전 기본법'을 만들었다. 한국 정부는 20년을 단위로 하는 지속 가능 발전 국가 기본 전략을 수립하고 이행하기 위한 계획을 세웠는데, 이는 포용 사회, 국민의 삶의 질 향상, 깨끗한 환경, 지구촌 평화와 협력 강화 등의 4대 전략으로 나뉜다. 또한 지속 가능 발전을 효율적으로 추진하기 위해 전담 기구를 설치하여 대통령의 자문*에 응하거나* 관련 정책을 심의하도록 하고 있다.

SUSTAINABLE DEVELOPMENT GOALS

1. 이 글을 쓴 목적으로 알맞은 것을 고르세요.
   ① 지속 가능 발전에 참여하기를 촉구하기 위해
   ② 지속 가능 발전과 관련된 정책을 제안하기 위해
   ③ 지속 가능 발전의 세부 항목 지정을 요구하기 위해
   ④ 지속 가능 발전 목표의 내용과 현황을 소개하기 위해

2. 이 글의 내용과 일치하는 것을 고르세요.
   ① 지속 가능 발전은 한국에서 처음 만들어졌다.
   ② 지속 가능 발전은 현재 세대의 발전을 최우선으로 한다.
   ③ 지속 가능 발전 목표에는 교육과 관련된 내용도 포함되어 있다.
   ④ 한국 정부는 앞으로 지속 가능 발전을 위한 조직을 설치할 예정이다.

 자문: 어떤 일을 더 효율적으로 하기 위해 그 분야의 전문가 또는 전문 기구에 의견을 물음.
응하다: 물음이나 요구, 필요에 맞추어 대답하거나 행동하다.

[3~5] **다음 글을 읽고 질문에 답하세요.**

> 코로나19로 힘들던 시기, 한국 정부는 '재난 지원금'이라는 이름으로 모든 국민에게 돈을 지급하였다. 이와 유사한 형태의 지원금을 지급한 것은 비단 한국 정부만이 아니었고, 팬데믹 시기에 지급된 지원금을 계기로 국내외에서 자연스럽게 '기본 소득제'에 대한 관심이 높아졌다.
>
> 기본 소득제란 정부가 모든 국민에게 조건 없이 매달 일정 금액을 월급처럼 지급하는 제도를 말한다. 4차 산업 혁명과 함께 미래 사회에 대해 논의할 때 언급되는 주제 중 하나로, 미래의 불확실성이 큰 만큼 찬반 논란도 뜨겁다.
>
> 기본 소득제를 반대하는 측에서는 재원 문제와 근로 의욕 저하 문제를 근거로 든다. 정부가 전 국민에게 매달 돈을 지급하려면 그만큼의 세금이 필요한데, 어떻게 그 재원을 마련할지를 우려하는 것이다. 그리고 조건 없이 지원금을 지급하면 근로자들이 더 이상 일하려 하지 않을 것이라는 점도 근거로 삼는다.
>
> 물론 이런 주장은 어느 정도 일리가 있다. 그러나 미래 사회를 생각하면 기본 소득제 도입은 피할 수 없는 변화이다. 미래에는 산업 로봇과 인공 지능 분야의 기술 혁신으로 인해 대량 실업이 초래되고, 이는 곧 소비 감소로 이어질 것이다. 그리고 소비 감소는 장기적인 불황을 불러올 수 있다. 따라서 언젠가는 경제를 유지하기 위해서라도 기본 소득제의 도입이 이루어져야 하며, 그 재원을 어떻게 마련할지에 대한 논의가 지금부터 시작되어야 한다고 본다.

3. 이 글을 쓴 목적으로 알맞은 것을 고르세요.

   ① 기본 소득제의 문제점을 지적하기 위해
   ② 기본 소득제 제정을 정부에 요청하기 위해
   ③ 기본 소득제 도입의 필요성을 주장하기 위해
   ④ 기본 소득제의 재원을 마련하는 방법을 제안하기 위해

4. 이 글의 내용과 일치하는 것을 고르세요.

   ① 소비 감소와 경제 불황은 관계가 없다.
   ② 기본 소득을 받으려면 그에 맞는 조건을 갖춰야 한다.
   ③ 코로나19 시기의 재난 지원금은 일부 국민에게만 지급되었다.
   ④ 기본 소득을 지급하면 국민이 일하지 않을 것이라는 의견도 있다.

5. 이 글에 나타난 글쓴이의 태도로 알맞은 것을 고르세요.

   ① 기본 소득제 도입에 망설이는 정부를 비판하고 있다.
   ② 기본 소득제에 반대하는 세력을 강하게 비난하고 있다.
   ③ 기본 소득제의 효과를 구체적인 수치를 통해 보여 주고 있다.
   ④ 기본 소득제에 반대하는 의견을 어느 정도 수용하면서 반박하고 있다.

쓰기 Writing

✏️ **다음 주제로 글을 쓰세요. (600~700자)**

여러분 생각에 미래 사회에는 어떤 문제가 있을 것 같습니까? 대표적인 문제점을 두 가지 이상 기술하고 각각의 해결 방안을 제시해 보세요.

말하기 과제 / Speaking Task

✏️ **모의 국제회의를 개최해 봅시다.**

준비하기

1. 2~3명이 한 조가 됩니다. 인류가 당면한 문제에는 어떤 것이 있는지 조원들과 이야기해 보세요.

| 지구 온난화로 인한 기상 이변 | 인구 증가로 인한 식량 문제 | 과도한 에너지 사용으로 인한 자원 고갈 | ? |

2. 대책 마련이 시급하다고 생각하는 문제를 선택해 보세요.

활동하기

1. 선정된 문제와 그 해결 방안에 대한 자료를 조사해 보세요.

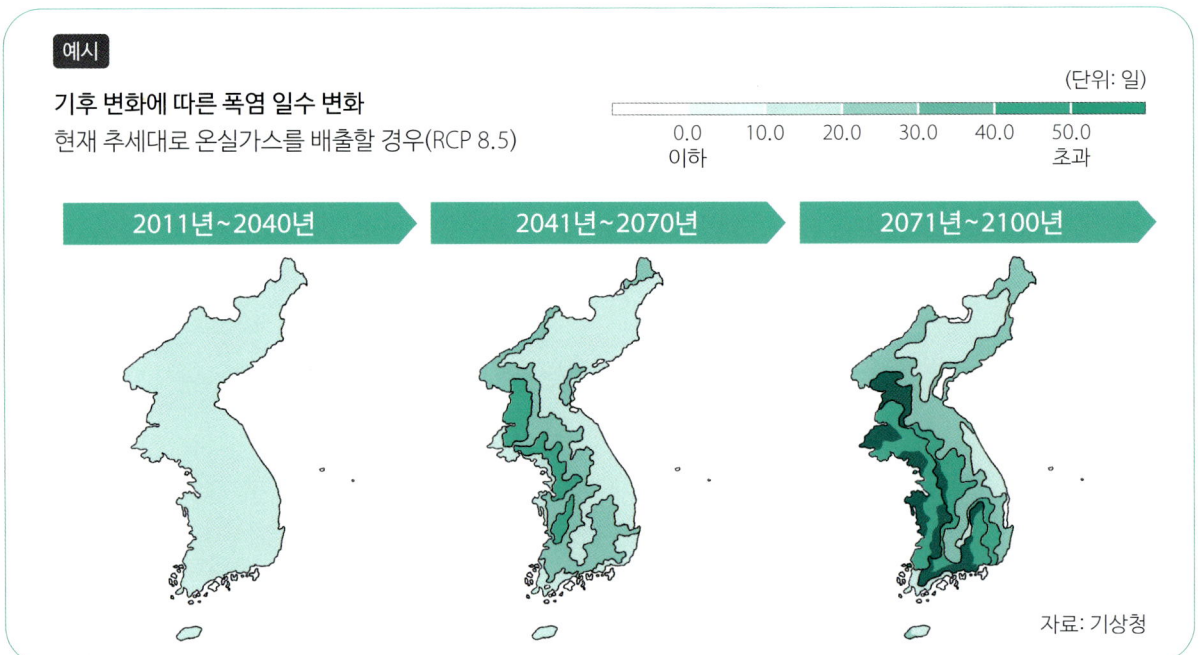

2. 수집된 자료를 바탕으로 조원들과 국제회의에 상정할 안건을 준비해 보세요.

문제 상황	지구 온난화
안 건	지구 온난화의 주범인 온실가스를 감축하기 위한 방안

토의하기

1. 모든 조가 모여 모의 국제회의를 개최합니다. 사회자는 다음과 같은 진행 방식을 참가자에게 안내해 보세요.

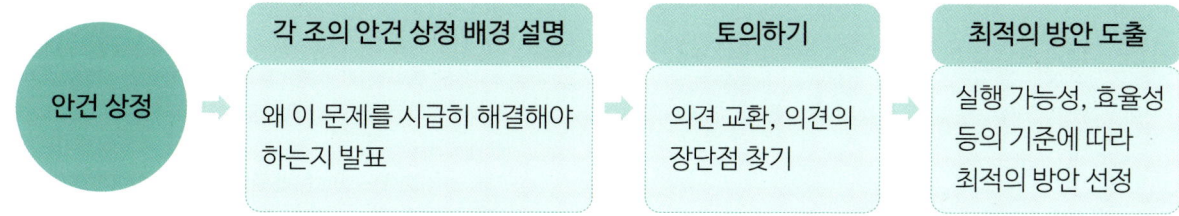

2. 각 조에서 준비한 안건을 회의에 상정해 보세요.

	안건
1조	온실가스를 감축하기 위한 방안
2조	
3조	

3. 각 안건에 대해 토의해 보세요.

안건	토의 내용	최적의 방안
1		
2		
3		

평가하기

1. 모의 국제회의를 통해 새롭게 알게 된 사실이나 느낀 점을 이야기해 보세요.

2. 여러분은 열심히 회의에 참여했습니까? 다음 항목에 따라 자신을 평가해 보세요.

안건을 정확히 이해하고 토의에 참여했다.	☆☆☆☆☆
자신의 의견을 분명하고 조리 있게 말했다.	☆☆☆☆☆
다른 사람의 의견을 잘 듣고 적절하게 반응했다.	☆☆☆☆☆
다른 사람의 의견을 존중하고 협력하는 태도를 보였다.	☆☆☆☆☆

복습 5

[1] 다음을 듣고 질문에 답하세요.

여: 오늘 오전, 동물 보호 단체 회원 500여 명이 연대하여 국내 최대 모피 제조 업체 A 사 앞에서 시위를 벌였습니다. 특히 몇몇 회원은 추운 날씨에도 불구하고 수영복 차림으로 "모피를 입느니 차라리 얼어 죽겠다."라고 쓴 플래카드를 몸에 두른 채 구호를 외쳤습니다.

남: 합성 섬유로 대체할 수 있는데 천연 모피가 왜 필요합니까? 모피 산업을 당장 철폐해야 합니다!

여: 이들은 모피가 만들어지는 과정에서 수많은 동물이 고통을 겪다가 죽음을 맞이하는 상황을 전하며 모피 산업 철폐를 주장했습니다. 한편 일부 회원은 지나가는 시민을 대상으로 천연 모피 제조 반대 서명 운동을 벌였습니다. 이들은 천연 모피를 생산하는 과정에서 동물이 학대당하는 모습을 담은 팸플릿을 시민들에게 나눠 주며 문제의 심각성을 알렸습니다.

[2~3] 다음 대화를 듣고 질문에 답하세요.

여: 저는 한국의 회식 문화에 문제가 있다고 봐요. 우리 나라에서는 회식을 보통 점심시간에 하는데 한국에서는 항상 업무가 다 끝난 저녁에 하잖아요. 저는 퇴근 후에 요가 수업을 듣고 있는데 회식에 안 가자니 부장님 눈치가 보여서 어쩔 수 없이 수업을 몇 번 빠졌어요. 한국의 직장 문화가 많이 바뀌었다고 하는데 왜 이런 회식 문화가 계속되고 있는지 답답할 따름입니다.

남: 회사는 일을 하기 위해 모인 집단이에요. 성공적인 업무를 위해서는 직원들의 단합과 협동이 중요하잖아요. 그런데 업무 시간에는 서로 바빠서 이야기할 시간이 없으니 친해지기가 어렵죠. 저는 이런 회식 자리가 서로를 자연스럽게 알아 가면서 이해할 수 있는 소통의 장이 될 수 있다고 생각해요.

여: 저는 의견이 좀 달라요. 회식 탓에 오히려 상사와 갈등을 빚는 경우를 많이 봤거든요. 회식 중에 회사 생활에 대해 조언한답시고 자신의 가치관을 강요하거나 술을 강권하는 선배 때문에 힘들어하는 동료들이 많아요. 저도 노래방에서 취향에 맞지 않는 노래를 들으며 억지로 박수 치는 것이 불편하기도 하고요.

남: 술을 강권하는 문화는 분명 잘못됐지만, 이제는 거의 사라졌다고 생각해요. 또한 요즘은 신입 사원들 취향에 맞춰 회식 장소를 정하는 회사도 많아졌잖아요. 그러니까 회식이 기성세대만을 위한 자리라든지 선배 의견은 무조건 잔소리라든지 하는 고정 관념을 깰 필요가 있어요. 선배의 경험과 지혜를 통해 배울 수 있는 것도 많거든요. 갈등을 조장하지 않고 서로의 의견을 경청하고 존중하는 사회적 분위기가 조성됐으면 하는 바람입니다.

[4~5] 다음 홍보 방송을 듣고 질문에 답하세요.

여: 조손 가정의 열두 살 현선이는 매일 새벽 여섯 시에 일어납니다. 가정의 생계를 책임지고 있는 할아버지가 새벽에 집을 나서면 현선이가 치매를 앓고 있는 할머니의 식사를 챙겨야 하기 때문입니다. 현선이네 집은 지은 지 40년이 넘은 오래된 주택입니다. 벌어진 창문 틈 사이로 여름에는 뜨거운 열기가, 겨울에는 찬 바람이 들어옵니다. 낡은 벽지에는 곰팡이가 가득 피어 있고 비가 오면 지붕에서 물이 샙니다.

대한민국 법에는 최소한의 주거 기준이 명시돼 있지만, 그 기준에도 미치지 못하는 곳에 거주하는 아동이 100만 명에 이른다고 합니다. 정부에서는 국민 임대 주택을 짓고 있으나 주거 빈곤 상태에 놓여 있는 아동을 전부 수용하기에는 역부족입니다.

이런 아이들에게 안전하고 깨끗한 보금자리를 선물하기 위해 저희 단체에서는 '사랑의 집 짓기' 운동을 시작하고자 합니다. 바라건대 우리 아이들에게 희망의 문을 열어 주는 사랑의 집 짓기 운동에 많은 분들이 동참했으면 좋겠습니다.

복습 6

[1] 다음을 듣고 질문에 답하세요.

여: 오늘날 매체가 다양해지면서 문학은 우리의 일상에 더 깊이 들어왔습니다. 예전에는 책이나 문학잡지 등을 통해서만 문학 작품을 접할 수 있었다면 요즘에는 영화, 노래, 애니메이션 등 다양한 매체를 통해 보다 쉽게 작품과 만날 수 있습니다. 다시 말해서 매체 환경이 다양해짐에 따라 문학 작품을 생산하고 감상하는 방식이 예전과 달라진 것이죠. 예를 들어 소설에서는 인물의 내면을 글로 자세히 묘사하여 직접 전달할 수 있지만, 소설을 각색한 영화에서는 배우의 연기, 대사, 음악, 배경 등을 통해 간접적으로 표현하는 경우가 일반적입니다. 이처럼 동일한 내용을 다루어도 매체에 따라 그 성격이 달라질 수 있다는 점을 이해한다면 다양한 방식으로 폭넓게 문학 작품을 즐길 수 있을 것입니다.

[2~3] 다음 인터뷰를 듣고 질문에 답하세요.

남: 최근 주목받고 있는 소설 《82년생 김지영》은 국내뿐 아니라 해외 여러 나라에서도 베스트셀러가 됐다고 합니다. 오늘은 김최은영 평론가를 모시고 이 소설에 대해 이야기 나눠 보는 시간을 갖겠습니다. 선생님, 먼저 《82년생 김지영》은 어떤 작품인지 설명 부탁드립니다.

여: 네. 소설 《82년생 김지영》은 2016년에 발표된 조남주 작가의 작품입니다. 영화와 연극으로도 제작되어 큰 인기를 끌었지요. 이 작품은 주인공 지영의 삶을 통해 한국 여성이라면 누구나 한 번쯤 겪어 봤을 법한 성차별을 인생의 단계별로 나눠 보여 주고 있습니다. 먼저 지영의 유년기와 청소년기에는 남아 선호 사상으로 인한 차

별 장면이 나옵니다. 지영의 아버지는 노골적으로 아들만 챙기고 딸인 지영은 크게 신경 쓰지 않습니다. 지영이 결혼한 후에는 시집살이로 고생하는 모습이 묘사됩니다. 명절에 시댁에 간 지영이 모든 부엌일을 도맡아 하는 장면은 아직까지도 흔히 볼 수 있는 한국의 명절 모습으로 많은 여성의 공감을 얻었습니다. 그리고 커리어 문제도 등장합니다. 한때 커리어 우먼이었던 지영은 출산과 육아로 인해 직장을 그만두면서 경력이 단절됩니다. 그녀가 다시 일하고 싶어 하자 남편이 육아 휴직을 하기로 하는데요. 시어머니가 말도 안 된다면서 그녀의 의지를 꺾어 놓습니다. 이 외에도 성 인지 감수성이 없어서 아무렇지도 않게 성희롱을 하는 직장 상사, 여성의 사회적 성공을 가로막는 유리 천장 등이 묘사됩니다.

[4~5] 다음 토론을 듣고 질문에 답하세요.

사회자: 최근 국민 열 명 중 다섯 명은 군 가산점 제도가 위헌이라는 헌법 재판소의 과거 판결에 동의하지 않는다는 조사 결과가 나와 군 가산점 제도가 다시 논란의 중심이 되고 있습니다. 오늘은 '군 가산점 제도, 부활해야 하는가'라는 주제로 이야기를 나누어 보겠습니다.

여: 저는 군 가산점 제도 부활에 찬성하는 입장입니다. 다른 사람들이 자유로운 생활을 즐기고 자신의 미래를 위해 투자하는 동안 군인들은 무더위와 혹한을 견디면서 나라를 지켰습니다. 그 시간에 대한 최소한의 보상이 있어야 한다고 생각합니다.

남: 보상이 필요하다는 말에는 동의하지만, 그 방식이 반드시 군 가산점 제도일 필요는 없다고 생각합니다. 가산점을 받을 수 있는 공무원 임용이나 공기업 입사 시험에 응시하지 않는 제대 군인이 훨씬 더 많기 때문입니다. 또한 군대에 다녀온 사람만 가산점을 받는다면 여성이나 건강 등의 이유로 군대에 가지 못하는 남성에게는 차별이 됩니다. 이런 이유로 이미 헌법 재판소는 군 가산점 제도가 헌법에 위배된다는 판결을 내렸고요.

여: 병역의 의무를 성실히 이행한 청년들을 그렇지 않은 사람들과 동일한 조건에서 경쟁시키는 것이 오히려 차별이고 형평에 어긋나는 것이 아닐까요?

남: 저는 그렇게 생각하지 않습니다. 요즘 군대에서는 학점도 취득할 수 있고 자신의 전공과 관련된 업무 경험을 쌓는 경우도 있습니다. 군대에 갔다는 이유만으로 경쟁에서 불리하다는 말은 인정하기 어렵습니다.

복습 7

[1] 다음을 듣고 질문에 답하세요.

남: 최근 개인의 유전적 특성을 알아볼 수 있는 유전자 검사에 대한 관심이 뜨겁습니다. 특히 상대적으로 건강한 20~30대를 중심으로 이러한 경향이 늘고 있습니다. 유전자 검사 비용이 만만치 않지만 나중에 병에 걸리면 더 큰 돈이 들고 정신적인 스트레스도 받게 될 것을 우려하여 선뜻 검사를 의뢰한다는 것입니다. 유전자 검사를 하면 영양 상태, 체질 등 건강 관련 정보는 물론이고 맞춤형 건강 유지 방법도 제공받을 수 있습니다. 검사 방법도 매우 간편합니다. 자가 검사 키트를 사용해 검사하고 키트를 택배로 보내기만 하면 됩니다. 전문가들은 유전자 검사가 건강에 도움이 되는 정보를 주는 것은 맞지만 검증되지 않은 업체에서 진행하는 자가 검사는 지양해야 한다고 조언합니다. 병원에서 전문적인 상담을 통해 검사를 시행하고 검사 결과에 대한 적절한 해석을 듣는 것이 중요하기 때문입니다.

[2~3] 다음 강연을 듣고 질문에 답하세요.

여: 여러분, 복제 인간, 즉 클론을 소재로 한 영화를 본 적이 있으신가요? 그런 영화에는 건강이 나빠졌을 때를 대비하여 자신의 클론을 만드는 장면이 나오는데요. 혹자는 이런 기술이 인간의 수명 연장과 건강 유지를 위해 필요하다고 하지만 그 전에 생각해 봐야 할 점이 있습니다. 먼저 클론의 인권에 대한 문제입니다. 과연 그들이 우리 사회에서 인간으로 인정받고 살 수 있을지, 자신이 인간의 필요성에 의해 만들어진 존재라는 사실을 어떻게 받아들일지 의문입니다. 또 다른 문제는 건강 관리 면에서 빈부 격차가 나타날 수 있다는 것입니다. 클론을 만드는 데 드는 비용을 생각해 보면 결국 부자들만 더 건강하게 오래 살 수 있다는 뜻이 됩니다. 따라서 우리는 인간 복제 기술 연구에 앞서 인간 복제에 따른 윤리적, 사회적 문제는 없는지 잘 따져 볼 필요가 있습니다.

[4~5] 다음 경제 프로그램을 듣고 질문에 답하세요.

여: 안녕하세요. 〈경제와 우리 생활〉의 이예준입니다. 오늘은 한국의 빈부 격차 문제를 다루도록 하겠습니다. 한국대 경제학과 민지우 교수님 모셨습니다. 교수님, 안녕하세요?

남: 네. 안녕하세요.

여: 교수님, 요즘 한국의 양극화가 심화되고 있다고 이야기하는 사람들이 많은데요. 실제로 그런가요?

남: 사실 객관적인 지표만 보면 그렇지는 않습니다. 소득 분배의 불균형 수치를 나타내는 지니 계수라는 것이 있는데요. 이 지니 계수가 높을수록 빈부 격차가 심한 사회입니다. 그런데 한국의 지니 계수는 2011년 이후 지난 10년간 내림세를 보여 왔습니다. 앞으로 어떻게 될지는 모르지만, 최소한 지금까지는 오히려 빈부 격차가 줄고 있다고 볼 수 있는 것입니다.

여: 그렇군요. 그런데 왜 국민들은 빈부 격차가 점점 심해지고 있다고 느끼는 것일까요?

남: 저는 상대적 빈곤이 주된 원인 중 하나라고 봅니다. 상대적 빈곤이란 실제로는 그리 가난하지 않은데도 주변 사람들과 비교해서 가난하다고 느끼는 것입니다. 최근에는 노동이 아닌 부동산이나 주식 투자를 통해 큰돈을 벌었다는 뉴스가 많이 들리는데요. 평범한 직장인들은 이런 뉴스를 들으면 상대적 박탈감을 느끼며 빈부 격차가 커진다고 인식하는 것입니다.

복습 8

[1] 다음을 듣고 질문에 답하세요.

남: 안녕하세요. 오늘은 '에코 마일리지'에 대해 소개해 드리겠습니다. 에코 마일리지란 지구 온난화의 주된 원인인 온실가스를 감축하자는 취지로 2009년부터 서울시에서 시행하고 있는 제도입니다. 가정이나 사업장에서 전기, 수도, 가스 등의 에너지 사용을 줄여 온실가스 배출량을 5% 이상 절감하면 감축량에 따라 최대 5만 마일리지까지 차등 지급합니다. 이 마일리지는 아파트 관리비나 세금을 납부하는 데 쓸 수 있고, 현금으로 전환할 수도 있습니다. 또한 친환경 제품을 구매하거나 에너지 빈곤층 지원, 또는 나무 심기를 위해 기부할 수도 있습니다. 서울시에 거주하시는 분은 내외국인 모두 신청할 수 있으니 지금 바로 서울시 에코 마일리지 홈페이지에 들어가 보시기 바랍니다.

[2~3] 다음 강연을 듣고 질문에 답하세요.

여: 여러분, 최근 '메타버스'라는 용어를 많이 들어 보셨죠? 그런데 혹시 메타버스 세계가 현재 우리 생활과 크게 관련이 없다고 느끼시지는 않나요? 사실 메타버스는 우리 생활 가까이에 있습니다. 최근 한 논문에서 메타버스는 다섯 가지 요소를 가지고 있다고 설명합니다. 디지털 통화, 일상의 연장, 연결, 세계관, 창작자가 바로 그것입니다. 스마트폰이 대중화됨으로써 전자 화폐를 이용해 일상에 필요한 물건을 사고 다양한 사람들과 연결되는 것이 가능해졌습니다. 따라서 디지털 통화, 일상의 연장, 연결이라는 세 가지 요소는 이미 우리 옆에 있는 셈이지요. 여기에 창작자가 세계관을 부여하면 메타버스의 요소가 모두 갖춰집니다. 쉽게 말하면, 물리적 한계를 뛰어넘는 가상 공간에 우리의 생활 방식을 옮겨 놓기만 하면 메타버스가 완성된다는 것이죠. 따라서 메타버스는 이미 우리의 일상에 깊이 들어와 있다는 점을 말씀드리고 싶습니다.

[4~5] 다음 토론의 일부를 듣고 질문에 답하세요.

사회자: 오늘은 '성범죄자 신상 공개 제도, 과연 필요한가'라는 주제로 패널 토론을 진행해 보도록 하겠습니다.

여: 저는 성범죄자 신상 공개에 찬성하는 입장입니다. 우선, 성범죄자 신상 공개 제도는 국민의 알권리를 보장합니다. 만약 성범죄 전과가 있는 사람이 내 주변에 산다고 하면 그 정보에 대해서 국민은 당연히 알아야 할 권리가 있는 거죠. 다음으로, 이 제도는 성범죄의 재발을 방지할 수 있습니다. 자신의 신상 정보를 지역 사람들이 알고 있다고 인식하면 심리적으로 범죄 욕구가 위축될 것이기 때문입니다. 또한, 성범죄자가 출소한 후 피해자의 집 근처에 거주하게 된다면 그 사실을 미리 알고 보복 범죄를 막을 수도 있습니다.

남: 저는 그렇게 생각하지 않습니다. 성범죄자의 신상이 공개되면 범죄 욕구가 위축될 것이라고 하셨는데 전 오히려 그 반대라고 생각합니다. 교도소에서 자기 잘못을 뉘우치고 새로운 마음으로 살려고 했는데, 신상이 공개되어 사회로부터 소외된다면 어떻게 될까요? 오히려 다시 범죄의 유혹에 빠질 가능성이 높아질 것입니다. 또한 신상이 공개되면 범죄자뿐만 아니라 그 가족들의 신상까지 공개될 수 있다는 것도 문제입니다. 가족들은 아무런 죄를 저지르지 않았는데 그저 범죄자의 가족이라는 이유만으로 사회에서 배척당할 수 있기 때문입니다. 과연 이런 위험성이 있는 제도를 유지해야 하는지 재고해 볼 필요가 있습니다.

9. 나눔과 참여

9-1. 나누는 삶

어휘 p. 14

1. 2) 자원봉사 3) 십시일반
   4) 박애 정신 5) 후원하기로
   6) 희생하는 삶을 사신

2. 2) 조손 가정이 더 늘어날 것으로 예상된다
   3) 재능을 기부하여 다른 사람을 도울 수도 있다
   4) 참된 인술을 펼치고 있다

문법과 표현 ❶ 명이라고는 p. 16

1. 2) 음식이라고는 김치뿐이야
   3) 아는 사람이라고는 지수밖에 없을
   4) 한국 노래라고는 〈곰 세 마리〉밖에 없는데요
   5) 돈이라고는 3만 원이 전부였습니다
   6) 마음에 드는 사람이라고는 한 명도 없었어요

2. 2) 운동이라고는 3) 배우라고는

문법과 표현 ❷ 동-건대 p. 18

1. 2) 단언하건대 3) 예상하건대
   4) 고백하건대 5) 맹세하건대
   6) 바라건대

2. 2) 짐작하건대 3) 바라건대

9-2. 참여하는 삶

어휘 p. 20

1.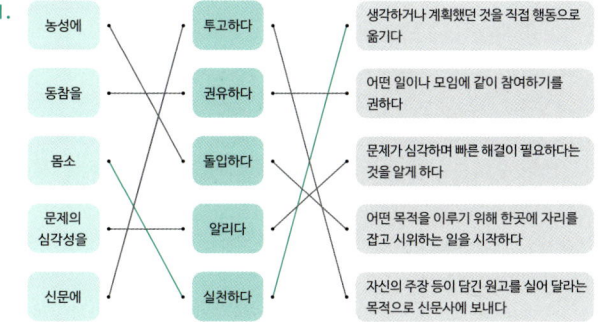

2) 동참을 권유했다 3) 문제의 심각성을 알리기
4) 신문에 투고한 5) 농성에 돌입했다

2. 2) 발 벗고 나섰다 3) 기여했다는
   4) 적극적으로 홍보하는 5) 청원했다

3. 2) 건의했으나 3) 연대하여
   4) 서명 운동을 벌였다

문법과 표현 ❸ 동형-던 차에/차이다 p. 22

1. 2) 필요하던 차에 3) 구하고 있던 차에
   4) 졸리던 차에 5) 나가려던 차인데
   6) 고민하던 차에

2. 2) 끓이려던 차에 3) 필요하던 차에

문법과 표현 ❹ 명만 해도 p. 24

1. 2) 조카들만 해도 3) 문법만 해도
   4) 자원봉사자만 해도 5) 경주만 해도
   6) 표기할 수 있다는 것만 해도

2. 2) 작년에만 해도 3) 제 주변만 해도

10. 변화와 도전

10-1. 변화와 갈등

어휘 p. 28

1.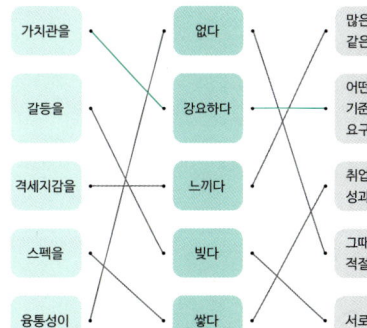

2) 융통성이 없어서 3) 스펙을 쌓기
4) 격세지감을 느꼈다 5) 갈등을 빚는

2. 2) 실업률이 높은
   3) 의견을 경청하는
   4) 획일적인 잣대를 들이대는

3. 2) 도전 정신   3) 기성세대
   4) 패기가 넘쳤어요   5) 열정을 쏟았어요

문법과 표현 ❶ 동-자니   p. 30

1. 2) 기다리고 있자니   3) 혼나고 있자니
   4) 출근하자니   5) 보고 있자니
   6) 하고 있자니

2. 2) 풀고 있자니   3) 쓰자니
   4) 발표하자니   5) 떠나자니

문법과 표현 ❷ 동-으랴 동-으랴   p. 32

1. 2) 원고를 쓰랴 발표 자료를 만들랴
   3) 비자 서류를 준비하랴 대학 입학 서류를 작성하랴
   4) 문제를 이해하랴 말할 내용을 생각하랴
   5) 생계를 유지하랴 자식들을 공부시키랴
   6) 전공 공부를 하랴 자격증을 따랴

2. 2) 아이를 키우랴 일을 하랴
   3) 한국 사회에 적응하랴 한국어를 배우랴

10-2. 꿈과 도전

어휘   p. 34

1. 2) 난관에 부딪혔다
   3) 방황을 끝내고
   4) 역경을 이겨 내고
   5) 불운이 몰려오는지
   6) 삶을 개척하도록

2. 2) 생계가 막막했던
   3) 혼신의 힘을 다한
   4) 목표를 달성했다
   5) 능력을 인정받아서

3.

ᵃ각				ᵈ자		
ᵍᵃ고	통	을		감	수	하	다
				성		
			ᵍⁿ설	상	가	상
ᵇ칠		ᶜ학		하		
ᵍᵈ전	환	점		다		
팔					ᵉ불	운
ᵍᵐ기	피	하	다		굴	

문법과 표현 ❸ 동-은 끝에, 명 끝에   p. 36

1. 2) 기다린 끝에 겨우 먹을 수 있었어
   3) 오래 고민한 끝에 결정한
   4) 계속한 끝에 마침내 데뷔할 수 있었습니다
   5) 끊임없이 노력한 끝에 대학 졸업장을 받으셨다고
   6) 연구한 끝에 실험 결과를 겨우 얻을

2. 2) 준비 끝에   3) 노력 끝에
   4) 고민 끝에

문법과 표현 ❹ 명에도 불구하고   p. 38

1. 2) 주변의 걱정에도 불구하고
   3) 추운 날씨에도 불구하고
   4) 정부의 노력에도 불구하고
   5) 많은 사람의 지지에도 불구하고
   6) 바쁘신 일정에도 불구하고

2. 1)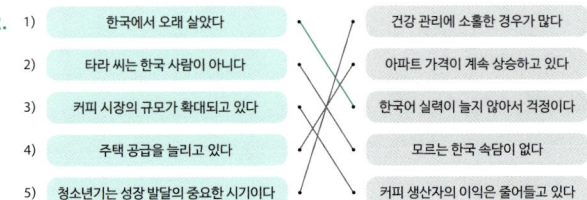

2) 타라 씨는 한국 사람이 아님에도 불구하고 모르는 한국 속담이 없다
3) 커피 시장의 규모가 확대되고 있음에도 불구하고 커피 생산자의 이익은 줄어들고 있다
4) 주택 공급을 늘리고 있음에도 불구하고 아파트 가격이 계속 상승하고 있다
5) 청소년기는 성장 발달의 중요한 시기임에도 불구하고 건강 관리에 소홀한 경우가 많다

| 부록 Appendix |

복습 5

어휘 p. 40

1. ④ 2. ② 3. ② 4. ① 5. ④
6. ② 7. ④ 8. ② 9. ③ 10. ①
11. ② 12. ④ 13. ② 14. ④ 15. ②

문법과 표현 p. 44

1. ① 2. ③ 3. ④ 4. ②
5. 고민하던 차에
6. 짐작하건대
7. 일하랴 아이를 키우랴

듣기 p. 46

1. ① 2. ③ 3. ① 4. ① 5. ②

읽기 p. 47

1. ① 2. ① 3. ① 4. ④ 5. ①

11. 문학과 인생

11-1. 마음을 나누는 시

어휘 p. 54

1. 2) 운율을 형성한다 3) 작품을 감상할
   4) 이미지가 연상되는 5) 시를 낭송할
   6) 상징적 의미를 갖는다

2. 2) 마음에 와닿습니다 3) 비유적으로 표현한

3. 2) 시어 3) 행
   4) 연

문법과 표현 ❶ 동형-을 성싶다 p. 56

1. 2) 힘들 성싶습니다
   3) 좋을 성싶습니다
   4) 쏟아질 성싶습니다
   5) 문제가 일어날 성싶었어요
   6) 아닐 성싶습니다

2. 2) 비용이 많이 들 성싶습니다
   3) 긍정적인 반응을 얻을 성싶습니다
   4) 큰 효과가 없을 성싶습니다

문법과 표현 ❷ 동-노라면 p. 58

1. 2) 꾸준히 하노라면 언젠가 사람들이 알아줄
   3) 이 책을 읽고 있노라면 할아버지가 옆에 있는
   4) 고향 사진을 보고 있노라면 어릴 적 일들이 생생하게 떠올라
   6) 현실을 보고 있노라면 안타깝기 이를 데 없습니다

2. 2) 듣노라면 3) 맡노라면
   4) 걷노라면

11-2. 소설 속의 인생

어휘 p. 60

1. 2) 가슴이 아리고 3) 답답함을 느낀다
   4) 불길한 예감이 들었다 5) 희망이 무너져
   6) 허탈감에 빠져서 7) 좌절하지

2. 2) 가출해서 3) 꿈이 깨지고
   4) 성장했다는

3. 2) 감수성이 예민해서 3) 성숙해지는
   4) 방황하거나

문법과 표현 ❸ 동-는 둥 마는 둥 하다 p. 62

1. 2) 보는 둥 마는 둥 했더니 3) 읽는 둥 마는 둥 하는
   4) 받는 둥 마는 둥 하고 5) 자는 둥 마는 둥 했거든요
   6) 듣는 둥 마는 둥 해서요

2. 2) 하는 둥 마는 둥 했다 3) 듣는 둥 마는 둥 했다
   4) 씻는 둥 마는 둥 하고

문법과 표현 ❹ 명이고 명이고 (간에) p. 64

1. 2) 야채고 고기고 간에 3) 말하기고 쓰기고 간에
   4) 어른이고 아이고 간에 5) 어디고 간에
   6) 어떤 업무고 간에

2. 2) 무슨 일이고 3) 무엇이고
   4) 어디고

12. 인간과 사회

12-1. 더불어 사는 사회

어휘 p. 68

1.
- 다문화 가정 차별 — 부부의 국적 혹은 가정의 배경 문화가 다르다는 이유로 다르게 대우함
- 성 소수자 차별 — 성에 대한 개념이 다수의 사람과 다르다는 이유로 다르게 대우함
- 외모 차별 — 사람의 겉모습에 따라 다르게 대우함
- 인종 차별 — 인종이나 피부색을 이유로 다르게 대우함
- 장애인 차별 — 몸이나 정신에 장애가 있다는 이유로 다르게 대우함
- 지역 차별 — 태어난 곳이나 사는 곳에 따라 사람을 다르게 대우함

2) 장애인 차별 3) 외모 차별
4) 인종 차별 5) 지역 차별
6) 다문화 가정 차별

2. 2) 가부장제 3) 가사를 분담하는
4) 여성 할당제 5) 유리 천장
6) 형평에 어긋나는

3. 2) 임금 격차 3) 역차별
4) 군 가산점

문법과 표현 ❶ 동형-을 법하다 p. 70

1. 2) 중단할 법한데 3) 포기할 법한데
4) 화를 낼 법한데 5) 망설일 법한데

2. 2) 좋아할 법한데 3) 잊어버릴 법한데요
4) 귀찮으실 법한데 5) 오를 법한데
6) 볼 법한

문법과 표현 ❷ 동형-건만, 명이건만 p. 72

1. 2) 서늘해야 하건만 3) 지칠 법하건만
4) 사라질 법하건만 5) 응원했건만
6) 방학 중이건만

2. 2) 청년 실업률은 감소했건만 양질의 일자리는 오히려 줄었다고 해요. 더 나은 일자리를 구하기 위한 평균 구직 기간은 오히려 늘어나는 추세라고 하고요.
3) 국민들이 지속적으로 반대했건만 공사 추진을 강행했대요. 시민 단체는 환경 오염을 우려하지만 정부는 문제없다는 입장이래요.
4) 최은주 선수가 상처가 아물지도 않았건만 불굴의 의지로 경기에 출전했다고 해요. 메달권에서 멀어졌건만 끝까지 달리는 모습에 시청자들이 감동의 눈물을 흘렸다고 해요.
5) 금리가 인하되었건만 부동산 시장은 여전히 불황이래요. 소비자 물가가 상승해서 저축액이 감소한 탓이래요.

12-2. 개인과 사회

어휘 p. 74

1. 2) 후천적으로 형성되는 3) 공동체 의식이 약화되고
4) 자아 정체성을 확립하게 5) 감정을 소모하고

2. 2) 나 홀로 문화 3) 사생활을 방해받지
4) 사회화

3. 2) 문화를 공유하는 3) 정서적 유대를 확립하는
4) 고립을 심화한다는

문법과 표현 ❸ 명으로 말미암아 p. 76

1.
- 1) 업무상의 스트레스 — 불면증, 우울증을 겪는 직장인이 많아졌다
- 2) 유가 상승 — 대중교통 회사들이 적자에 시달리고 있다
- 3) 기후 변화 — 북극곰, 바다사자 등 멸종 위기에 처한 동물이 늘고 있다
- 4) 경기 침체 — 많은 기업의 매출이 감소했다
- 5) 저출산 — 생산 가능 인구의 비율이 급속도로 줄고 있다

2) 유가 상승으로 말미암아 대중교통 회사들이 적자에 시달리고 있다
3) 기후 변화로 말미암아 북극곰, 바다사자 등 멸종 위기에 처한 동물이 늘고 있다
4) 경기 침체로 말미암아 많은 기업의 매출이 감소했다
5) 저출산으로 말미암아 생산 가능 인구의 비율이 급속도로 줄고 있다

2. 2) 도시 인구 집중으로 말미암아
3) 한국 전쟁으로 말미암아
4) 불황으로 말미암아
5) 지진으로 말미암아

문법과 표현 ❹ 동형-지, 명이지 p. 78

1. 2) 비싸지 3) 싫어하지
4) 많지 5) 높지

2. 2) 스스로 만들어 가는 것이지 누가 대신 만들어 주는 것이 아니다
3) 선택이지 필수가 아니다
4) 꿈과 자아를 실현하기 위한 것이지 단순히 생계를 위한 수단만은 아니다
5) 마음속에 있는 것이지 재물이나 성공에 있는 것이 아니다

복습 6

어휘
p. 80

1. ③   2. ②   3. ③   4. ①   5. ②
6. ③   7. ④   8. ④   9. ②   10. ④
11. ② 12. ④ 13. ④ 14. ② 15. ④

문법과 표현
p. 84

1. ②   2. ②   3. ①   4. ①
5. 영화관이고 노래방이고 간에
6. 일을 하는 둥 마는 둥 하고 있어
7. 순하지

듣기
p. 86

1. ③   2. ①   3. ④   4. ②   5. ③

읽기
p. 87

1. ①   2. ①   3. ①   4. ②   5. ④

13. 한국의 사회 문제

13-1. 삶의 만족도

어휘
p. 94

1.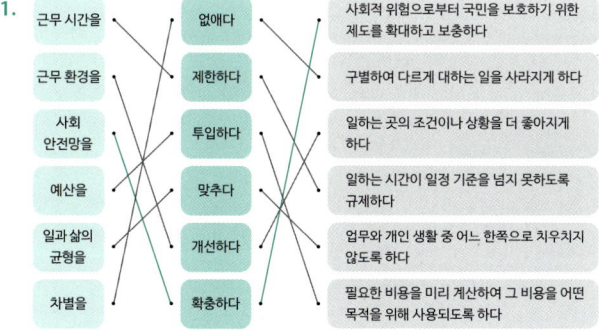

2) 차별을 없애기   3) 근무 시간을 제한하고
4) 근무 환경을 개선하기   5) 일과 삶의 균형을 맞추는
6) 예산을 투입해서

2. 2) 외모 지상주의   3) 저임금
   4) 1등 지상주의   5) 고용 불안정

3. 2) 제도를 보완할   3) 포용하는

문법과 표현 ❶ 동형-을 턱이 없다, 명일 턱이 없다
p. 96

1. 2) 높을 턱이 없지
   3) 결혼할 턱이 없지요
   4) 해결될 턱이 없어요
   5) 내려갈 턱이 없어요
   6) 올 턱이 없어요
   7) 성형 미인일 턱이 없어요

2. 2) 사교육 열풍이 사라질 턱이 없어요
   3) 일회용품 사용이 줄 턱이 있겠어요
   4) 아이를 낳을 턱이 없죠

문법과 표현 ❷ 동형-건 (간에)
p. 98

1. 2) 누구를 만나건 간에   3) 어디를 가건 간에
   4) 어떻건 간에   5) 무슨 일을 하건 간에
   6) 어떻게 생각하건 간에

2. 2) 맞건 안 맞건   3) 있건 없건
   4) 많건 적건   5) 오르건 떨어지건

13-2. 불평등의 심화

어휘
p. 100

1. 2) 양극화   3) 상대적 빈곤
   4) 소득 격차   5) 기회의 평등
   6) 빈곤의 악순환   7) 계층 상승

2. 2) 빈곤층에 최저 생계비를 지원하기로 결정했다
   3) 고소득층의 소득이 증가하고 저소득층의 소득은 오히려 줄었다

3.

	가빈	ª부	격	ᵇ차		ᵈ계	
		유		별		층	ᵉ고
ⁿ중	산	층				이	용
						동	불
	ᵈ금	수	ᶜ저		ᵉ사	회	안	전	망
			임		다		정
		ᵐ연	금		리		

문법과 표현 ❸ 동-기란
p. 102

1. 2) 없애기란   3) 인정받기란
   4) 되돌리기란   5) 희생하기란
   6) 회복하기란

2. 2) 보여 주기란　　　3) 만들기란

문법과 표현 ④ 동-게끔　　p. 104

1.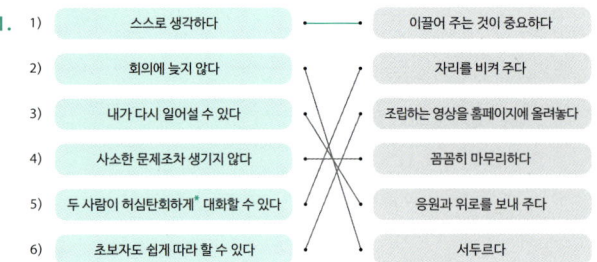

2) 회의에 늦지 않게끔 서두르세요
3) 내가 다시 일어설 수 있게끔 응원과 위로를 보내 주었다
4) 사소한 문제조차 생기지 않게끔 꼼꼼히 마무리하세요
5) 두 사람이 허심탄회하게 대화할 수 있게끔 자리를 비켜 주었다
6) 초보자도 쉽게 따라 할 수 있게끔 조립하는 영상을 홈페이지에 올려놓았다

2. 2) 침해받지 않게끔　　　3) 구매할 수 있게끔
   4) 다시 볼 수 있게끔

14. 건강과 과학

14-1. 공중 보건

어휘　　p. 108

1. 2) 바이러스가 전파되는　　3) 격리해서
   4) 몸에 침입하면　　5) 질병이 창궐하였는데
   6) 방역 조치를 취했다　　7) 수명이 연장된다는

2. 2) 바이러스가 증식하기　　3) 면역력이 떨어지면
   4) 바이러스에 감염되면　　5) 잠복기를 거친다
   6) 전염력이 높은　　7) 백신을 접종할
   8) 항체가 생기고　　9) 건강을 증진하기

문법과 표현 ❶ 동-는 양, 형-은 양, 명인 양　　p. 110

1. 2) 엄마인 양 동생을 돌보는
   3) 못 본 양 그냥 지나가더라고요
   4) 급한 일이 있는 양 황급히 나가더라고요
   5) 그때 도착한 양 들어와요
   6) 혼자서 다 한 양 이야기하고 다니세요

2. 2) 못 들은 양　　　3) 맛있는 양
   4) 문제도 없는 양

문법과 표현 ❷ 동형-을 판에/판이다　　p. 112

1. 2) 시원찮을 판에　　3) 못 끝낼 판에
   4) 기다려야 할 판이에요　　5) 부족할 판에
   6) 다 못 할 판에

2. 2) 문을 닫을 판에　　3) 버릴 판이야
   4) 쫓겨날 판에

14-2. 유전자 이야기

어휘　　p. 114

1. 2) 검사를 의뢰하는　　3) 복제하는
   4) 내비하여　　5) 장기를 이식하는
   6) 난치병을 치료하는　　7) 유전자를 조작해서

2. 2) 조기 진단　　3) 유전적 요인
   4) 환경적 요인　　5) 발병 확률을 낮출

3.

		b조	가	치			e격	나	차
		작						리	
		하			d유			하	
다준	a수	하	다		라전	이	되	다	
	명			c난	마	자			
					임				

문법과 표현 ❸ 명에 지나지 않다　　p. 116

1. 2) 경기 불황은 일시적인 현상에 지나지 않습니다
   3) 나이는 숫자에 지나지 않는다는
   4) 이번 사건은 사소한 문제에 지나지 않는다
   5) 비정규직 근로자의 월 평균 임금은 정규직 근로자 임금의 절반에 지나지 않는다
   6) 못 다니겠다고 말하는 것은 핑계에 지나지 않는다

2. 2) 극소수에 지나지 않으므로
   3) 일시적인 현상에 지나지 않습니다

문법과 표현 ❹ 동-는다고 치다, 형-다고 치다, 명이라고 치다 p. 118

1.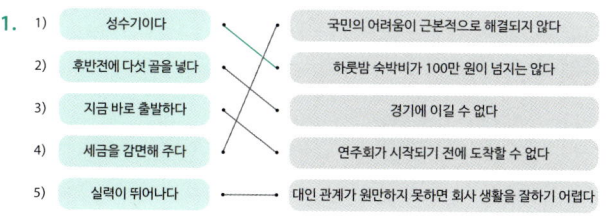

2) 후반전에 다섯 골을 넣는다고 쳐도 경기에 이길 수 없을 것이다
3) 지금 바로 출발한다고 쳐도 연주회가 시작되기 전에 도착할 수 없을 것이다
4) 세금을 감면해 준다고 쳐도 국민들의 어려움이 근본적으로 해결되지 않을 것이다
5) 실력이 뛰어나다고 쳐도 대인관계가 원만하지 못하면 회사 생활을 잘하기 어렵다

2. 2) 먹는다고 치면　　3) 개발된다고 치면
   4) 줬다고 치자　　　5) 만난다고 치자

복습 7

어휘 p. 120

1. ②　2. ④　3. ①　4. ②　5. ③
6. ④　7. ②　8. ②　9. ③　10. ②
11. ③　12. ①　13. ①　14. ①　15. ③

문법과 표현 p. 124

1. ②　2. ③　3. ①　4. ①
5. 받았을 턱이 없어
6. 일해야 할 판에
7. 공부를 하건 안 하건 간에

듣기 p. 126

1. ②　2. ④　3. ①　4. ①　5. ④

읽기 p. 127

1. ④　2. ③　3. ②　4. ④　5. ②

15. 법과 제도

15-1. 생활 속의 법

어휘 p. 134

1.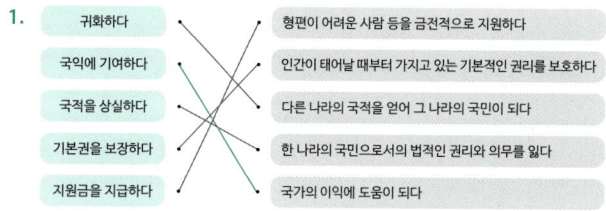

2) 귀화하기　　　　3) 국적을 상실하게
4) 기본권을 보장하고　5) 지원금을 지급하는

2. 2) 의욕을 떨어뜨린다는　3) 비용을 충당하기
   4) 증세해야

3. 2) 체류하는　　　　3) 서약하는

문법과 표현 ❶ 동-는다손 치더라도, 형-다손 치더라도, 명이라손 치더라도 p. 136

1. 2) 벌었다손 치더라도　　3) 화가 난다손 치더라도
   4) 효과가 있다손 치더라도　5) 반대하신다손 치더라도
   6) 비싸다손 치더라도

2. 2) 악성 댓글의 감소가 기대된다손 치더라도 인터넷 실명제를 실시하면 표현의 자유가 침해될 것입니다.
   3) 지역 주민이 반대한다손 치더라도 재활용품 처리장을 짓지 못하면 쓰레기와 환경 문제가 더 심각해질 것입니다.
   4) 복제 인간이 사회 질서를 어지럽힐 우려가 있다손 치더라도 생명 복제 실험을 금지하면 안 됩니다. 생명 복제는 난치병 환자들의 희망이기 때문입니다.
   5) 스마트폰 중독이 우려된다손 치더라도 스마트폰 사용 금지는 학생의 인권을 침해하는 행위입니다.

문법과 표현 ❷ 동형-기로서니 p. 138

1. 2) 철이 없기로서니　　3) 갚아야 하기로서니
   4) 실수를 했기로서니　5) 방해되기로서니
   6) 친하기로서니

2. 2) 아무리 불만이 있기로서니 병원에 불을 지르면 되겠어요
   3) 아무리 집값이 비싸기로서니 결혼과 출산을 포기하다니요
   4) 아무리 청소년 범죄가 증가하기로서니 법적 처벌만 강화하는 것은 옳은 방법이 아니에요

15-2. 공공의 이익

어휘 p. 140

1. 2) 초상권을 보호하기
   3) 인권을 보호하기
   4) 신상 정보를 공개하는
   5) 경각심을 불러일으킨다

2. 2) 사회적 약자를 보호하는
   3) 초상권을 침해하는
   4) 충동을 제어하는
   5) 재범률이 높은

3. 2) 사생활을 침해하는
   3) 죗값을 치러야
   4) 불안감을 호소했다
   5) 재발을 방지해야
   6) 사생활을 보호해

문법과 표현 ❸ 동-는 격이다, 형-은 격이다 p. 142

1. 1) 육아 휴직을 하는 것이 부끄럽다고 생각하다 — 남성 스스로 가정에서 설 자리를 포기하다
   2) 자기 가족의 흉을 보다 — 자기 얼굴에 침을 뱉다
   3) 가해 학생을 처벌하지 않다 — 학교 폭력을 조장하다
   4) 적성에 맞지 않는 일을 하다 — 몸에 맞지 않는 옷을 입다
   5) 의사의 조언을 무시하다 — 병을 방치하다

   2) 자기 가족의 흉을 보는 것은 자기 얼굴에 침을 뱉는 격이다
   3) 가해 학생을 처벌하지 않는 것은 학교 폭력을 조장하는 격이다
   4) 적성에 맞지 않는 일을 하는 것은 몸에 맞지 않은 옷을 입는 격이다
   5) 의사의 조언을 무시하는 것은 병을 방치하는 격이다

2. 2) 고양이한테 생선을 맡기는 격이다
   3) 우물에 가 숭늉 찾는 격이다
   4) 불난 집에 부채질하는 격이다
   5) 혹 떼러 갔다 혹 붙여 온 격이다

문법과 표현 ❹ 동-느니만 못하다 p. 144

1. 2) 중간에 포기하는 것은 시작하지 않느니만 못해
   3) 도움이 되지 않는 사람을 뽑는 건 안 뽑느니만 못해요
   4) 무리한 운동은 안 하느니만 못합니다
   5) 외모에 대한 평가는 안 하느니만 못한
   6) 국민이 신뢰하지 않는 정책은 도입하지 않느니만 못해요

2. 2) 모자라느니만 못하다는
   3) 공부를 안 하느니만 못합니다

16. 인류와 미래

16-1. 인류의 과제

어휘 p. 148

1. 기아에 — 허덕이다 — 굶주림 때문에 힘들어하다
   빈곤을 — 퇴치하다 — 가난하여 살기 어려운 상황을 없애다
   생물의 다양성이 — 감소하다 — 생태계에서 생물의 유전자 등 다양한 특징이 줄어들다
   생태계가 — 파괴되다 — 생물이 살아가는 환경 또는 체계가 무너지고 깨지다
   자원이 — 고갈되다 — 생활하는 데 사용되는 원료가 모두 사용되어 없어지다
   탄소 중립을 — 실천하다 — 탄소를 배출하는 만큼 탄소를 흡수하는 조치를 취하여 실질 배출량을 '0'으로 만드는 일을 행동으로 옮기다

   2) 자원이 고갈되고
   3) 기아에 허덕이고
   4) 탄소 중립을 실천하고
   5) 생태계가 파괴되고
   6) 빈곤을 퇴치하기

2. 2) 신재생 에너지 사용을 확대하기
   3) 수자원 확보가 위협받고
   4) 생태계를 보전해야
   5) 지속 가능한 발전을 추구해야
   6) 일회용품 사용을 규제하고

문법과 표현 ❶ 동-어 주십사 (하다) p. 150

1. 2) 내밀어 주십사 하고
   3) 허락해 주십사 하고
   4) 전해 주십사 하고
   5) 힘써 주십사 하고
   6) 후원해 주십사 하고

2. 2) 지켜 주십사
   3) 동참해 주십사

문법과 표현 ❷ 동형-어 봤자 p. 152

1. 2) 고백해 봤자
   3) 후회해 봤자
   4) 가 봤자
   5) 떨어져 봤자
   6) 비싸 봤자

2. 2) 국제 유가가 하락해 봤자
   3) 성범죄자 신상을 공개해 봤자
   4) 공공 기관 차량 2부제를 실시해 봤자

16-2. 4차 산업 혁명과 미래

어휘   p. 154

1. 2) 화성 탐사   3) 인공 장기
   4) 수직 농장   5) 기상 조절 기술
   6) 자율 주행차

2. 2) 3D 프린터   3) 4D 프린터
   4) 생체 인식 기술   5) 우주여행
   6) 착용 스마트 기기

문법과 표현 ❸   동·형-던가, 명이던가   p. 156

1. 2) 잠갔던가   3) 주문했던가
   4) 있었던가   5) 살았던가
   6) 있었던가

2. 2) 언제였던가   3) 아름다웠던가
   4) 있었던가

문법과 표현 ❹   동-고서는   p. 158

1. 2) 이론만 배우고서는   3) 경주에 가 보지 않고서는
   4) 메신저를 사용하지 않고서는   5) 신문을 읽지 않고서는
   6) 부딪치지 않고서는

2. 2) 바꾸지 않고서는   3) 노력하지 않고서는

복습 8

어휘   p. 160

1. ④   2. ③   3. ④   4. ③   5. ②
6. ④   7. ②   8. ④   9. ①   10. ④
11. ①   12. ②   13. ④   14. ③   15. ②

문법과 표현   p. 164

1. ④   2. ③   3. ④   4. ①
5. 와 주십사 하고
6. 성적이 나쁘기로서니
7. 단어를 많이 외우지 않고서는

듣기   p. 166

1. ①   2. ④   3. ①   4. ④   5. ②

읽기   p. 167

1. ④   2. ③   3. ③   4. ④   5. ④

References 참고 자료

어휘
고려대한국어대사전
국립국어원 표준국어대사전(https://stdict.korean.go.kr/main/main.do)
우리말샘(https://opendict.korean.go.kr/main)
한국어기초사전(https://krdict.korean.go.kr/kor/mainAction)

사진
| 35쪽 | 강영우, 『내 눈에는 희망만 보였다』, 두란노, 2012.
| 157쪽 | "우리 곁의 한복" 전시 사진, 서울대학교박물관 인류민속실.

복습 5 | 46쪽 | 이조은, 「'임원이 주는 술을 안 받아?' MZ세대가 회식을 싫어하는 진짜 이유」, 『아시아에이』, 2022. 8. 4. (http://www.asiaa.co.kr/news/articleView.html?idxno=94658)

| 47쪽 | 박지훈, 「소비문화 주체 된 MZ | M과 Z의 슬기로운 소비생활… 친환경 기업에 '돈쭐' 내고 불합리엔 '불매' 운동」, 『매일경제』, 2021. 10. 6. (https://www.mk.co.kr/news/culture/10050160)
인현우, 「X, M, Z 다음은 A세대? 연구자들은 '알파벳 놀이'에 지쳤다」, 『한국일보』, 2021. 8. 22. (https://m.hankookilbo.com/News/Read/A2021081817110005904)

| 48쪽 | 이승아, 「점유율 95%, 북유럽서 난리난 충남 천안 출신이 만든 라면」, 『조선일보』, 2020. 7. 14. (https://jobsn.chosun.com/site/data/html_dir/2020/07/13/2020071303235.html)

복습 6 | 86쪽 | 조남주, 『82년생 김지영』, 민음사, 2016.

| 88쪽 | 조병희 외, 『아픈 사회를 넘어』, 21세기북스, 2018.
서울대학교 아시아연구소 한국사회과학자료원, "한국의 사회동향 2021", 통계개발원 연구용역사업 연구 결과 보고서, 2021.

복습 8 | 166쪽 | "에코마일리지란?", 서울특별시 통합에코 홈페이지. (https://ecomileage.seoul.go.kr/eco/about)
강태우, 「메타버스(Metaverse)? 뇌과학 버스(BrainScience-Versrse)!」, 『전자신문』, 2021. 6. 9. (https://n.news.naver.com/mnews/article/030/0002949690?sid=102)

| 167쪽 | "국가지속가능발전 기본계획", 지속가능발전포털. (https://ncsd.go.kr/nationaleffort?content=2)
박병기, 『고등학교 통합사회』, 비상교육, 2018, pp. 275-277.

집필진 Authors

장소원
Chang Sowon
- 서울대학교 국어국문학과 교수
  Seoul National University Professor at the Department of Korean Language & Literature
- 파리 5대학교 언어학 박사
  Ph.D. in Linguistics, University of Paris 5

이소영
Lee So Young
- 서울대학교 언어교육원 대우교수
  Seoul National University LEI Professor
- 이화여자대학교 교육공학 박사
  Ph.D. in Educational Technology, Ewha Womans University

김풀잎
Kim Pool Lib
- 서울대학교 언어교육원 대우전임강사
  Seoul National University LEI Full-time Instructor
- 서울대학교 교육학(한국어교육) 박사
  Ph.D. in Korean Language Education as a Foreign Language, Seoul National University

이영환
Lee Young Hwan
- 서울대학교 언어교육원 대우전임강사
  Seoul National University LEI Full-time Instructor
- 서울대학교 국어국문학 박사 수료
  Ph.D. Candidate in Korean Language & Literature, Seoul National University

번역 Translator

이수잔소명
Lee Susan Somyung
- 통번역가
  Translator & Interpreter
- 서울대학교 한국어교육학 석사
  M.A. in Korean Language Education as a Foreign Language, Seoul National University

감수 Editor

안경화
Ahn Kyunghwa
- 전 서울대학교 언어교육원 대우교수
  Former Seoul National University LEI Professor

도와주신 분들 Contributing Staff

- 디자인 Design (주)이츠북스 ITSBOOKS
- 삽화 Illustration (주)예성크리에이티브 YESUNG Creative
- 녹음 Recording 미디어리더 Media Leader

서울대 한국어+
Workbook 6B

초판 1쇄 발행　2023년 12월 30일
초판 2쇄 발행　2024년　6월 30일

지은이　　　서울대학교 언어교육원

펴낸곳　　　서울대학교출판문화원
주소　　　　08826 서울 관악구 관악로 1
도서주문　　02-889-4424, 02-880-7995
홈페이지　　www.snupress.com
페이스북　　@snupress1947
인스타그램　@snupress
이메일　　　snubook@snu.ac.kr
출판등록　　제15-3호

ISBN 978-89-521-3235-2　04710
　　　978-89-521-3116-4　(세트)

ⓒ 서울대학교 언어교육원 · 2023

이 책과 음원은 저작권법에 의해서 보호를 받는 저작물이므로
무단 전재와 복제를 금합니다.

Written by Language Education Institute, Seoul National University
Published by Seoul National University Press

Copyright ⓒ 2023 by Language Education Institute, Seoul National University

All rights reserved. No part of this publication may be reproduced in any form
without the written permission from publisher.